CAMPAGNE
DE MOSCOW,
EN 1812.

Cet Ouvrage a été contrefait à Lyon dès la première édition, et donné à vil prix. Le Public doit se mettre en garde contre cette contrefaçon qui fourmille de fautes graves ; la seule bonne doit porter ma signature.

CAMPAGNE

DE MOSCOW,

EN 1812

Ouvrage composé d'après la collection des pièces
officielles sur cette campagne mémorable, où plus
de trois cent mille braves Français furent victimes
de l'ambition et de l'aveuglement de leur chef;

PAR R. J. DURDENT.

Crudelis ubique

Luctus, ... et plurima mortis imago

Unius ob noxam et furias !.....

VIRGILE.

SIXIÈME ÉDITION,

REVUE, CORRIGÉE ET DE BEAUCOUP AUGMENTÉE.

PARIS.

ALEXIS EYMERY, LIBRAIRE,

Rue Mazarine, n° 30.

1814.

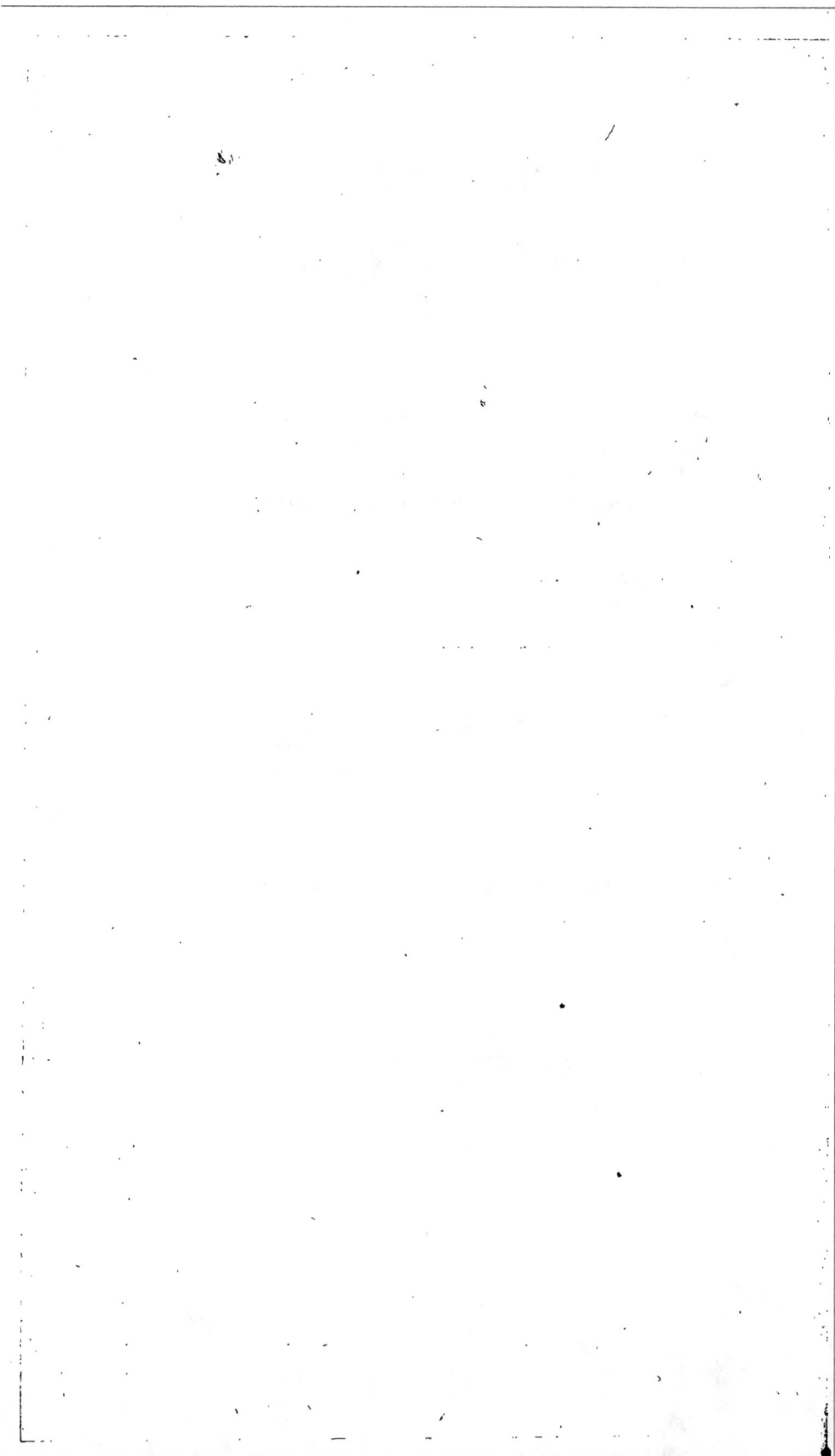

PREFACE.

Deux mois se sont à peine écoulé depuis que cette brochure a paru, et les quatre premières éditions en sont déjà épuisées, malgré les contrefaçons qu'on en a faites. Je suis loin de me faire illusion sur les causes du succès qu'elle a obtenu. Il est dû, sans nul doute, à l'importance du sujet, et à l'intérêt que trop de familles françaises doivent y prendre; mais j'avoue que j'ai été flatté de voir que l'on eût rendu justice à mes intentions, et au soin que j'avais eu de ne jamais m'écarter de la vérité. C'est dans les mêmes vues que j'ai joint aux corrections nécessaires plusieurs additions intéressantes; mais comme il faut savoir finir, je déclare que cet opuscule restera tel que le voici maintenant.

Il y a des personnes qui prétendent qu'on ne doit plus s'occuper de Buonaparte. Je ne cherche point à examiner les motifs qu'elles peuvent avoir pour s'exprimer ainsi. Quant à moi, je crois fermement qu'il est bon, même en ce moment, de propager la connaissance de tous les maux dont la France, et tant d'autres peuples, ont été accablés par suite de son ambition délirante. Ah! combien ces maux auraient été moins grands et d'une moindre durée, s'il ne se fût attaché sans cesse à nous éblouir et à nous tromper! Ainsi donc, s'il arrive que j'aie encore à l'avenir quelque occasion de publier à son égard, non des *phrases*, qui ne signifient rien, mais des *faits positifs*, tels que ceux-ci, je n'hésiterai pas, persuadé que je remplirai alors le devoir d'un ami de l'humanité et d'un bon Français.

R. J. DURDENT.

CAMPAGNE
DE MOSCOW,

EN 1812.

Cette effroyable catastrophe est unique dans les fastes de l'histoire. Pour en trouver quelqu'une qui lui ressemble, il faut remonter jusqu'à l'*expédition de Darius contre les Scythes*, qui toutefois ne coûta pas tant de sang et de larmes à l'humanité, et n'eut point des résultats aussi extraordinaires. Les époques les plus malheureuses des annales de la France, dans le temps où nous combattions sous la noble bannière de nos lys, ne peuvent nullement entrer en comparaison avec cette déroute. Il y a plus; notre révolution si sanglante, et la vie même de Buonaparte, n'offrent rien qui puisse être mis en parallèle avec une si grande, une si affreuse *consommation* d'hommes (1). Accoutumé à se jouer de la vie

(1) On se sert ici d'une de ses expressions favorites : quand il parcouroit un champ de bataille couvert de quarante ou cinquante mille morts, il lui est arrivé plus d'une fois, en contemplant ce spectacle, de dire avec un sang-froid infernal : « *Voilà une grande consommation !* » Puis il ajoutoit quelquefois : « *Que l'on me nettoie tout cela.* »

de ses victimes, il put se vanter cette fois d'en avoir fait périr le plus grand nombre, dans le plus petit espace de temps. Ce fut ainsi qu'il parvint à surpasser, sous ce rapport, ses campagnes d'Italie et d'Allemagne, ses funestes expéditions d'Egypte et de Saint-Domingue, et jusqu'à son exécrable guerre d'Espagne.

Alors encore, il poussa plus loin qu'il ne l'avait jamais fait, l'audace, l'imprévoyance, et même, comme il sera si facile de le prouver, l'*impéritie*. Aussi la France et l'univers savent-ils quelles furent, quelles sont les suites de cette entreprise de l'ambition en délire.... Mais, avant de s'arrêter avec transport sur le bien qu'a fait naître tant de mal, il convient de rapporter les faits, et de montrer le héros prétendu dans toute son extravagance.

Il seroit assez inutile de chercher à connoître les motifs qui portèrent Buonaparte à entreprendre la guerre de Russie. Ses proclamations et les rapports de ses ministres ne fourniroient à cet égard que des lumières trompeuses. On a soutenu, non sans une grande apparence de raison, qu'humilié des échecs fréquens éprouvés par ses armes en

Espagne, il voulut détourner de ce pays l'attention et les regards des Français, et recon-
quérir leur admiration par un grand succès
qu'il obtiendroit en personne. Il seroit peut-
être encore plus naturel de penser que, n'o-
sant retourner dans cette Espagne, d'où il
s'étoit honteusement enfui, il éprouvait cependant toujours le besoin d'exercer l'activité sanguinaire de son âme. L'Angleterre,
la fière et généreuse Angleterre, rioit de ses
vaines menaces; elle était inaccessible à ses
fureurs (1). L'Allemagne souffroit avec peine

---

(1) Certaines gens, encore aujourd'hui même, tiennent en
quelque sorte compte à Buonaparte du constant désir qu'il
avoit manifesté de diminuer la puissance de l'Angleterre,
alors notre ennemie. Il faut s'entendre : si, possédant des ressources immenses, il eût cherché à recréer la marine, à recouvrer les colonies de la France, il eût pu mériter des remer-
cîmens et des éloges. Mais à quoi a servi la création de ce
qu'il appeloit *le système continental ?* A tourmenter les
peuples dits *Alliés*, à faire prendre contre eux, contre leurs
propriétés des mesures violentes, toujours odieuses, et qui le
paroissent encore plus, quand elles sont exercées de la part
d'un Gouvernement étranger. Quels pitoyables spectacles que
ceux de ces *brûlemens* publics des marchandises anglaises!
Quelles causes de haines, que toutes ces vexations exercées
par ses douaniers! Aussi, avec quel empressement les peuples
se sont-ils portés à briser un joug si pesant, dès les premiers
instans qu'ils ont pu concevoir quelque espoir d'affranchissement! Dans les temps les plus critiques de la guerre, la
France, avant Buonaparte, conserva toujours sur le conti-

son joug odieux ; mais, effrayée de ses pertes récentes, elle n'entrevoyoit que dans l'avenir l'heure de la vengeance, et elle montroit envers son envahisseur une prudente soumission. Il falloit donc bien qu'il allât chercher des ennemis à l'extrémité septentrionale de l'Europe. L'immensité du territoire russe, le nombre et la valeur des habitans de cet empire ne lui inspirèrent pas un seul instant de réflexion salutaire; et la guerre fut résolue.

La Prusse étoit dans un état d'affoiblissement qui ne lui permettoit pas la moindre résistance ; ses forteresses avoient reçu les troupes de Buonaparte ; dès la fin du mois de mars, un corps considérable étoit entré dans sa capitale : il fallut donc qu'un monarque, animé des plus justes ressentimens, parût les sacrifier au désir de conserver ce qui lui restoit de ses Etats. En conséquence, une alliance sur la solidité de laquelle il étoit impossible de se faire illusion, fut conclue; et les Prussiens marchèrent pendant quelque temps sous les ordres de leur oppresseur.

nent européen un certain nombre de partisans. Lorsqu'il fut devenu chef de l'État, ses *décrets* contre l'Angleterre contribuèrent, autant que ses désastres militaires, à rallier tous les peuples à cette puissance. Qu'y a-t-il donc là de si merveilleux?

Moins abattue par ses revers précédens, et
conservant de plus vastes ressources, l'Autriche crut devoir, par des considérations de
la plus haute importance, s'allier aussi à Napoléon ; mais elle se garda bien de se déclarer
entièrement pour lui dans une guerre qu'elle
n'approuvoit pas. « Elle ne promit de faire
» coopérer à la guerre qu'une partie de l'ar-
» mée ; le nombre d'hommes strictement
» fixé étoit dans une proportion très - foible
» avec les forces de l'empire ; le reste de ces
» forces qui existoit, ou que l'on alloit mettre
» sur pied, ne prit aucune part à la guerre (1).»

Plus maître de faire servir à ses projets gi-
gantesques les sujets de ses autres *alliés*,
Buonaparte demanda des hommes à la Ba-
vière, au Wurtemberg, à cette monarchie
westphalienne qui devoit avoir si peu de durée, à la partie de l'Italie soumise plus
directement à son joug, au royaume de

(1) Ce sont les propres expressions du manifeste par lequel
l'Autriche, le 12 août 1813, déclara la guerre à Buonaparte ;
mais on les chercherait vainement dans le *Moniteur :* il n'y
parut, en septembre de la même année, qu'un extrait fort
infidèle de ce manifeste. Ceci n'étonnera nullement ceux qui
savent quelle attention Buonaparte apportait à tromper sans
cesse les Français sur leurs intérêts les plus chers. Pendant
tout le cours de son despotisme, nos papiers publics ne furent
que les annales des plus effrontés mensonges.

Naples, etc.; et enfin, à la tête de la plus
nombreuse armée que l'Europe eût jamais vue
sur pied, il marcha contre le plus vaste empire
du monde.

L'état de ses forces et celui de ses pertes
ne seront jamais établis que par approxima-
tion. S'il faut en croire une note aujourd'hui
connue en France, le comte Rostopchin,
gouverneur militaire de Moscow, trouva dans
la demeure du maréchal Berthier, après la
retraite des Français, une pièce officielle de
laquelle il résultait que *cinq cent soixante-
quinze mille hommes*, ayant *onze cent
quatre-vingt-quatorze* pièces de canon, entrèrent en Russie sous les ordres de Buonaparte.

D'un autre côté on verra, par des proclamations de l'empereur Alexandre, que les
forces des Français (les Autrichiens non compris) ne furent évaluées qu'à *trois cent mille
hommes*. Enfin, un autre relevé également
officiel, mais postérieur à ces proclamations,
prouveroit qu'elles n'auroient pas élevé assez
haut le total des troupes de Buonaparte.

Ces contradictions ne sont qu'apparentes;
et il est facile de le démontrer en faisant la
distinction nécessaire entre l'immense corps

d'armée qui marcha sur Moscow et les corps
d'Autrichiens, de Prussiens, de Saxons, ou
même de Français qui, sur d'autres points,
eurent à combattre d'autres troupes que celles
du maréchal Koutousow. On pourra en con-
clure, que la note publiée par le comte Rostopchin n'étoit pas très-exagérée, en ce qu'elle
contenoit le *total absolu* des troupes françaises et alliées ; et que toutefois la partie de
l'armée qui éprouva les plus grands désastres,
celle que Buonaparte commandoit en personne, ne dut pas compter plus de *trois cent
soixante mille hommes*, y compris *soixante
mille* de cavalerie. Ces éclaircissemens étoient
nécessaires afin d'établir la réalité des faits.
Pour émouvoir les cœurs, pour les pénétrer
de la plus profonde indignation contre l'auteur de tant et de si affreux malheurs, on n'a,
certes, nul besoin d'avoir recours à l'exagération.

Menacé d'une si redoutable invasion, l'empereur Alexandre prit toutes les mesures de
défense convenable ; il leva de nouvelles
troupes, défendit à ses sujets de servir dans
les armées étrangères, etc. ; et, le 21 avril,
partit de Pétersbourg pour se mettre à la
tête de son armée, ayant sous lui, comme gé-

néral en chef, le comte Barclay de Tolly. Le 9 mai, Buonaparte alla de Paris à Dresde, qu'il quitta le 29; le 2 juin, il vint à Thorn, après avoir passé par Glogau et Posen, faisant partout la revue de ses troupes avec son activité ordinaire.

L'état de la Prusse devint alors plus pénible qu'il ne l'avoit encore été : le commandement même de Berlin fut donné à un général français, et ces mesures ne manquèrent pas d'accroître le mécontentement général.

Les déclarations de guerre des deux puissances parurent : celle de l'empereur de Russie, en date de Wilna, le 25 juin (6 juillet) (1), porte le double caractère de la modération et de la fermeté. « Depuis long- » temps, dit ce prince, nous avions éprouvé, » de la part de l'empeur des Français, des » procédés qui annonçoient des desseins hos- » tiles envers la Russie; mais nous espé- » rions les changer en employant les moyens » de la douceur et de la paix........ L'empe-

_____

(1) L'année russe commence douze jours avant la nôtre; ainsi, toutes les fois que l'on rencontrera deux dates, ce sera toujours la dernière que l'on devra rapporter à notre calendrier.

» reur des Français nous a déclaré la guerre
» en attaquant subitement nos troupes près
» de Kowno..... ; il ne nous reste d'autre
» ressource que d'invoquer le Tout-Puissant,
» témoin et vengeur de la vérité, et d'oppo-
» ser la force à celle de l'ennemi....... Guer-
» riers, vous défendrez la religion, la patrie
» et l'indépendance : je serai avec vous. Dieu
» est contraire à l'agresseur. »

Une autre proclamation faisait sentir aux
Russes qu'il leur falloit des efforts extraordinaires pour résister « à des armées nom-
» breuses qui déployoient des forces impo-
» santes. »

Buonaparte, de son côté, adressa des proclamations énergiques aux braves qui avoient
le malheur d'être sous ses ordres ; il leur
rappela quelques-unes de leurs anciennes
victoires ; mais il ne put se défendre de join-
dre à un ton mâle et énergique cette jactance
qu'il prit trop souvent pour la véritable grandeur. Dans la proclamation qui termina son
deuxième bulletin daté de Wilkowski, le 22
juin, il disoit : « La Russie est entraînée par
» la fatalité ; ses destins doivent s'accomplir. »
Une autre, moins connue en France, portoit : « au commencement de juillet nous se-

» rons à Pétersbourg; je punirai l'empereur Alexandre : » Il ajoutoit : « Le roi de Prusse » sera empereur du Nord. »

Ayant pris, dès le commencement de la guerre, un ton si superbe, il falloit qu'il fût victorieux, et la valeur de ses troupes lui donna d'abord des avantages réels. Après avoir passé le Niémen, le 23 juin, les Français entrèrent le lendemain dans Kowno; bientôt ils furent à Wilna, capitale de la Lithuanie. Les Russes, en se retirant, mirent le feu aux magasins qu'ils avoient dans cette ville. Buonaparte prétendit qu'ils avoient alors détruit pour plus de vingt millions de roubles (plus de quatre-vingt millions) d'effets militaires et autres. Ce calcul fut sans doute exagéré; mais il prouva que nul sacrifice ne coûteroit à l'empereur Alexandre pour

(1) Voici quelle étoit au sujet des papiers officiels et autres, la tactique de Buonaparte: 1° il ne permettoit pas qu'il nous parvînt aucune feuille, non-seulement des pays ennemis, mais même de ceux dont la neutralité lui étoit suspecte; 2° sa police, surtout dans les derniers temps, dictoit à peu *près* toute la partie politique des journaux; 3° enfin, et *c'étoit là* le coup de maître, il y avoit pour la France, pour l'Allemagne, pour les armées, des versions différentes de ses actes officiels. Telle pièce nous parvenoit dont ses soldats n'avoient pas connaissance; ou bien le contraire arrivoit, etc. Telle étoit la marche d'un homme qui avoit proclamé si souvent son affection pour les *idées libérales* et la *liberté de la presse.*

soutenir cette guerre. Ses troupes, sous les ordres des généraux Wittgenstein, Bagration, Doctorow, et Platow, hetman des cosaques, ne purent être coupées, et se retirèrent vers la Dwina, toujours en détruisant leurs magasins.

Le système défensif de la Russie parut dès lors évident; cependant on peut dire que, dans ces premiers instans, elle fut obligée de céder plus d'une fois à la force. Ses recrues n'avoient pas eu tous le temps d'arriver, et la guerre avec la Porte occupoit encore une partie de ses forces.

Le premier événement fâcheux pour son entreprise, dont Buonaparte ait fait mention, se trouve dans son cinquième bulletin, daté de Wilna, le 6 juillet : il y avoue qu'il perdit plusieurs milliers de chevaux; malheur qu'il attribue au changement de la température. On a pensé que le défaut de fourrage dans un pays dévasté pouvoit y avoir eu aussi une grande part; mais, en admettant même la cause qu'il en donne, comment cet événement, arrivé dans le milieu de l'été, ne l'effraya-t-il pas, et ne lui fit-il pas faire de salutaires réflexions sur son projet *de s'enfoncer dans le cœur de la Russie, lorsque*

2

l'hiver n'alloit pas tarder à s'y montrer avec toutes ses rigueurs?

La Pologne, éprouvant une joie prématurée, crut que le moment était arrivé de recouvrer son indépendance, et se reconstitua en royaume. Un députation de la confédération alla trouver Buonaparte à Wilna. Toutes les feuilles publiques ont rapporté dans le temps la réponse qu'il lui fit. On y vit qu'en donnant de grands éloges aux Polonais, il n'avait nullement fixé ses idées sur leur état futur, et qu'il craignoit de se compromettre avec l'Autriche, à qui plusieurs provinces de ce pays étoient échues en partage. Cependant, malgré cette réponse ambiguë, les Polonais n'en firent pas moins, en sa faveur, des efforts qui eurent pour eux des suites désastreuses; elles l'auroient été bien davantage, si l'empereur Alexandre n'eût écouté sa modération lorsqu'il se vit le maître absolu de leur sort.

Si les Polonais secondaient Buonaparte, il n'en étoit pas ainsi de tous les individus d'une immense armée, composée d'élémens hétérogènes. A la vérité, les troupes auxiliaires de la Prusse et de l'Autriche se comportèrent avec leur bravoure accoutumée pendant toute la campagne ; mais dès lors il y eut parmi les premières des désertions assez fréquentes ; et , si les rapports des Russes furent exacts , dès le commencement des hostilités ils eurent dans leurs camps environ 4000 Prussiens.

Le récit des faits principaux est en général plus instructif que ne pourroit l'être l'attention de rapporter avec exactitude les diverses proclamations ; cependant il est tel de ces actes officiels qu'il est impossible de passer sous silence , et que l'on peut considérer comme de la plus haute importance. De ce nombre, sans doute, est une proclamation de l'empereur Alexandre, que le général Bennigsen , devenu général en chef, fit mettre à l'ordre. En voici les principaux passages (1) :

« Russes ! l'ennemi a quitté la Dwina, et manifesté l'intention de vous livrer bataille. Il vous accuse de timidité , parce qu'il méconnoît ou affecte de méconnoître la politique de votre système.... Des tentatives désespérées sont seules compatibles avec l'entreprise qu'il a formée et les dangers de sa situation ; mais serons-nous imprudens, et perdrons-nous les avantages de la nôtre? *Il veut*

(1) Il est inutile d'ajouter que les papiers français n'en firent pas la moindre mention.

aller à Moscow; qu'il y aille. Mais pourra-t-il, *par la possession temporaire de cette ville*, conquérir l'empire de Russie, et subjuguer une population de trente millions d'individus? Eloigné de ses ressources d'environ huit cent milles, IL NE POURRA, MÊME LORSQU'IL SEROIT VICTORIEUX, ÉCHAPPER AU SORT DU BELLIQUEUX CHARLES XII. *Pressé de tous côtés par nos armées, par des paysans qui ont juré sa destruction, que ses excès ont rendu furieux, qui, par la différence de religion, de coutumes et de langage, sont devenus ses ennemis irréconciliables, comment pourra-t-il opérer sa retraite?* »

Et comme si ces paroles n'eussent pas encore été assez claires, assez *prophétiques*, l'empereur Alexandre ajoute plus bas : *Trop avancé pour se retirer avec impunité, l'ennemi aura bientôt à combattre* LES SAISONS, LA FAMINE ET LES INNOMBRABLES ARMÉES DES RUSSES. Soldats ! quand le moment de livrer bataille arrivera, votre empereur en donnera le signal ; il sera témoin oculaire de vos exploits, et récompensera votre valeur. »

Cette pièce est peut-être d'un genre unique dans l'histoire. D'habiles généraux ont sou-

vent prédit à leurs nations la retraite ou la
déroute des ennemis; mais il semble qu'on
n'avoit jamais vu annoncer ainsi ouverte-
ment, et à la face de l'univers, à un agresseur imprudent, le destin qui le menaçoit.
Cette proclamation authentique est du mois
d'août; elle a, par conséquent, une antério-
rité d'environ TROIS MOIS sur les premiers désastres qui signalèrent la retraite de Buonaparte. Il faudroit être insensé pour supposer,
même un seul instant, qu'il n'en ait pas eu
connoissance; et cependant changea-t-il rien
à son plan audacieux? Songea-t-il à ce qu'auroit d'effroyable pour ses soldats, pour la
France, pour l'Europe entière, la réalisation
de cette prophétie? Que devint alors en lui
cette sagesse, cette circonspection, « *cette*
» *prévoyance, caractère si essentiel à la*
» *guerre, et qui conduit à ne faire que ce*
» *qu'on peut soutenir, et à n'entreprendre*
» *que ce qui présente le plus grand nombre*
» *de chances de succès?* »

Demandera-t-on de qui est cette phrase
qui l'accuse et le condamne si complètement? Elle est de lui-même : il l'avoit insérée
textuellement dans son *Moniteur* du 27 septembre 1809, lorsqu'il prodiguoit d'honora-

bles injures à ce lord Wellington , qui s'en vengeoit dès lors par des succès , et que la France doit compter au nombre de ses libérateurs. Pourquoi faut-il, hélas! que son affranchissement lui ait coûté tant de ses intrépides enfans? Pourquoi des prodiges de valeur ne les ont-ils conduits qu'à verser leur sang dans des plages étrangères, pour le plus funeste ennemi qu'ait jamais eu l'humanité?... Mais il est temps de reprendre le récit des faits : nous allons voir encore la valeur française briller d'un vif éclat, et ne pas même se démentir quand le moment des plus affreuses disgrâces sera venu.

Le 16 juillet, l'armée principale des Russes, commandée par l'empereur Alexandre, étoit retranchée à Drissa, sur le bord septentrional de la rivière Dwina ; elle avoit en face d'elle, sur l'autre rive, les corps des maréchaux Ney et Oudinot, plusieurs divisions du premier corps, et la cavalerie des généraux Nansouty et Montbrun ; le tout sous les ordres du roi de Naples. Les Russes s'attendoient à être attaqués ; voyant que l'on ne se disposoit pas encore à venir à eux, ils jetèrent à Drissa un pont sur la Dwina, et attaquèrent eux-mêmes, au nombre de dix mille hom-

mes, l'avant-garde du général Sébastiani,
qui fut obligé de battre en retraite pendant
une lieue.

Cependant le maréchal Oudinot avoit
passé le 13 juillet, la Dwina à Dunaberg;
ce mouvement fut suivi avec succès par d'autres corps; et le camp retranché des Russes,
à Drissa, tomba au pouvoir des Français.
Les premiers se retirèrent sur Witepsk,
dans la direction de Smolensk et de Moscow;
et une partie de l'armée française les poursuivit sur la rive droite de la Dwina jusqu'à
Polotsk.

L'abandon de Drissa par l'armée russe
pouvoit produire un effet fâcheux sur les
esprits des habitans de l'empire; le souverain jugea convenable de les rassurer. Indé-
pendamment de la proclamation dont on a
parlé plus haut, il leur répéta que ces re-
traites successives tenoient au plan adopté
dans son conseil militaire. Comme il con-
noissoit son ennemi, il ne douta pas qu'il ne
marchât toujours plus en avant, dans le désir d'obtenir une bataille décisive que l'on
s'obstinoit à lui refuser. Les Russes furent
de nouveau prévenus qu'on étoit plus que
jamais déterminé à la retraite, « afin qu'il

» sentît pleinement toute la folie de son en-
» treprise. »

Mais en même temps que l'on opposoit à
une fougue aveugle cette temporisation salutaire, on ne négligea aucun des moyens de
rendre la marche de Buonaparte de plus en
plus pénible. Dès ce moment même, les
Russes furent sommés, au nom de leur
amour pour la patrie, de tout détruire autour de la route que les Français s'étoient
frayée, « pour s'opposer également à leurs.
» progrès ou à leur retraite. » Les habitans
des provinces de Witepsk et de Pskow eurent
ordre de délivrer à des officiers qu'on leur
désignoit toutes les subsistances pour hommes ou pour animaux, qu'ils pouvoient avoir
au-delà de leurs besoins. On leur promettoit
de les payer sur les fonds du trésor impérial.
Les propriétaires de récoltes sur pied qui se
trouvoient voisins de la ligne que suivoit
l'ennemi, durent les détruire. De pareilles
injonctions furent faites à tous ceux qui pos-
sédoient des magasins et des provisions, de
quelque espèce que ce fût. En un mot, tout
ce qui pouvoit être utile aux envahisseurs
devoit être soustrait ou détruit, afin qu'ils
se trouvassent partout dans le dénûment le

plus absolu ; et les magistrats étoient rendus personnellement responsables de l'exécution de ces ordres.

Outre ces mesures qui concernoient les habitans de l'empire, on en prônoit d'autres dont on se promettoit également un succès qui devoit surtout s'accroître dès le premier échec qu'éprouveroit Buonaparte. Le général Barclay de Tolly, devenu ministre de la guerre, fit une adresse énergique aux peuples de l'Allemagne, dans laquelle il les exhortoit à imiter l'exemple des Espagnols et des Portugais, et à se réunir sous les drapeaux de l'empereur Alexandre. Il leur promettoit (et certes la suite prouva que ces promesses n'étoient point vaines) que ce prince et sa nation étoient déterminés à faire tous leurs efforts pour rendre à l'Allemagne son indépendance. Le duc d'Oldenbourg, Allemand de naissance, étoit désigné comme chef du corps d'armée formé des troupes de ce pays. Enfin, si l'on ne réussissoit pas dans le dessein de soustraire le continent au joug de l'oppresseur, l'empereur Alexandre donnoit l'assurance formelle que les Allemands attachés à sa cause auroient des habitations dans les parties méridionales de ses Etats.

Par suite de ces mesures politiques, on faisoit une distinction entre les prisonniers qui tomboient dans les mains des Russes : les Français, victimes, dans toutes les circonstances, du chef que la plus cruelle destinée leur avoit donné, étoient dirigés, sous de fortes escortes, vers la Sibérie, tandis que les Allemands avoient la permission de prendre du service, même lorsqu'ils avoient été pris les armes à la main.

Toutes les parties de la Russie signaloient leur zèle ; les offrandes d'hommes et d'argent se multiplioient ; et les deux capitales, Pétersbourg et Moscow, donnoient l'exemple du dévouement.

Quoique les Russes fussent toujours sur la défensive, ils ne laissoient pas d'avoir, de temps en temps, des avantages partiels qui soutenoient leur énergie. Dans une rencontre, le prince Bagration tailla, dit-on, en pièces neuf régimens de cavalerie, et fit mille prisonniers, parmi lesquels étoient cinquante officiers de la division du maréchal Davoust.

Cependant la grande armée poursuivoit la route que lui avoit tracée l'aveuglement de son chef. Aussi habitués à obéir sans mur-

mures qu'à braver les plus grands dangers ;
les troupes et leurs officiers n'en éprouvoient
pas moins fréquemment la mauvaise humeur
d'un homme qui ne fit jamais une seule faute
sans l'imputer à quelque subalterne, et qui
se vengeoit, sur les gens les plus dévoués à
sa cause, des contrariétés que les ennemis
lui faisoient éprouver. Ce fut ainsi qu'après
s'être plusieurs fois vanté d'avoir coupé du
reste de l'armée russe le corps du prince
Bagration, il déclara que ce général « avoit
» profité du peu d'activité avec laquelle il
» étoit poursuivi; » preuve évidente que
malgré toutes les assertions contraires, et
les détails souvent très-diffus dont les bulletins de Buonaparte étoient surchargés, les
Russes avoient réussi dans leur dessein de
concentrer leurs forces. Ils l'attendoient alors
à Witepsk, toujours fidèle au plan qui alloit
avoir pour lui des suites si désastreuses.

Après diverses actions meurtrières, et dont
il rendit un compte plus ou moins inexact,
Buonaparte se vit enfin obligé de donner
quelque repos à ses troupes. « Il leur fit,
» dit-il, prendre des quartiers de rafraîchis-
» sement, la chaleur étant excessive, et
» même plus forte qu'en Italie. »

Plusieurs événemens d'une haute importance semblèrent alors annoncer que *l'étoile*
du conquérant alloit de plus en plus pâlir. Les
armées françaises en Espagne éprouvèrent
des échecs qui firent une grande sensation
dans Paris , malgré les soins que l'on mettoit
à empêcher la vérité d'y parvenir , de quelque point du globe que ce fût ; et presqu'en
même temps la Russie se vit en paix avec
l'Angleterre et la Porte-Ottomane. Cette paix
ne tarda pas à devenir un traité d'alliance
avec la première de ces deux puissances.
Quant à la seconde , l'empereur Alexandre ,
arrive à Smolensk le 20 juillet, y reçut le
lendemain la nouvelle de la ratification du
Grand-Seigneur.

Un rapport du général Wittgenstein, en
date du 21 juillet (2 août), renferme des détails officiels on ne peut plus opposés aux
bulletins. Ce général y affirme avoir pris le
général de brigade de Saint-Geniez, avec environ mille hommes. Il ajoute plus bas que le
corps du maréchal Oudinot marcha de Klas-
titz à sa rencontre. « Mes troupes, continue-
t-il , l'attaquèrent avec beaucoup de courage ;
et, après une bataille obstinée et sanglante,
qui dura trois jours sans interruption, nous

obtînmes la victoire. Le corps du maréchal
Oudinot, consistant en trois des meilleures
divisions d'infanterie, fut complètement défait, et, étant mis dans la plus grande confu-
sion, cherchadu refuge dans les bois. Ayant
passé les petites rivières, l'ennemi brûla et
détruisit les ponts. A ce moyen il nous arrêta
sans cesse : les généraux de division Verdier
et Legrand furent blessés. Je poursuivis les
fuyards jusqu'à la Dwina et Polotzk : tout le
territoire par lequel nous passions étoit couvert de corps morts. Nous avons environ trois
mille prisonniers avec vingt-cinq officiers,
deux pièces d'artillerie et leurs munitions.
De notre côté, la perte n'est pas peu considérable : je regrette particulièrement le
major-général Koulnew, qui perdit hier ses
deux jambes d'un boulet, et mourut sur le
champ de bataille ; je suis-moi-même blessé
à la joue d'une balle, mais la blessure n'est
point dangereuse. »

Le douzième bulletin parle aussi de la
mort de ce général (qu'il appelle Kaulnien),
et qui, dit-il, étoit un officier distingué de
troupes légères. Il ajoute que dix autres généraux furent blessés, et quatre colonels tués.

Vers ce temps l'armée française perdit un

roi, et la russe gagna un général. Buonaparte, mécontent de la manière dont son
frère Jérôme s'étoit comporté dans les dernières affaires, le renvoya honteusement à
Cassel, sous le prétexte, dont personne ne
fut dupe, que sa santé ne lui permettoit pas
de souffrir les fatigues de la campagne.

Le général qui vint prendre le commandement en chef de toute l'armée russe, fut ce
Koutousow, dont les désastres des Français
n'ont que trop éternisé la mémoire. Il arrivoit des bords du Danube, à la tête d'un
corps de vieilles troupes. Agé alors de soixante-
quinze ans, il avait vécu au milieu des camps
depuis sa jeunesse : privé d'un œil, il avoit de
plus reçu des blessures qui le rendoient dit-
on, presqu'incapable de monter à cheval,
mais l'activité de son esprit et ses autres qua-
lités militaires le faisoient considérer dès
lors comme un des meilleurs généraux de notre
temps.

La marche des Français continuoit cependant à présenter, malgré tous les obstacles,
l'aspect du triomphe. Le 2 août, le maréchal
Magdonald entra dans l'importante place de
Dunabourg, et Buonaparte se félicita de pos-
séder, sans tirer un coup de fusil, une for-

teresse pour laquelle l'ennemi avoit, disoit-
il, dépensé plusieurs millions, et que depuis
cinq ans il travailloit à mettre en état de
guerre.

Le général Sébastiani éprouva , près d'In-
kovo, une défaite que , contre son usage le
plus habituel , Buonaparte ne chercha point
à dissimuler. A la vérité , cet échec fut glo-
rieusement réparé. L'armée française passa
le Borysthène (le Nieper) pour attaquer la
forte et grande ville de Smolensk , située sur
la rive gauche de ce fleuve , et à peu près à la
même distance de Wilna et de Moscow (1).
Le 14 août il y eut à Krasnoi une bataille où
une partie de chaque armée fut engagée ; les
résultats furent les mêmes qu'avoient eus et
que devoient avoir encore jusqu'à l'arrivée
des Français à Moscow , tous les engagemens
entre les deux armées. L'affaire fut sanglante,
la victoire long-temps disputée , et les Russes
finirent par céder le terrein , sans que leur
retraite eût le caractère d'une déroute. Le 16 ,
les Français arrivèrent à la vue de Smolensk :
les dispositions de l'ennemi prouvoient combien la résistance seroit opiniâtre : trente

(1) A soixante-treize lieues de la première de ces deux
villes, et soixante-quinze de l'autre.

mille Russes étoient dans la ville, et la majeure partie de leurs forces, placée sur la rive droite du fleuve, entretenoit la communication au moyen de plusieurs ponts. Le 17, Buonaparte fit attaquer les faubourgs : l'attaque et la défense furent signalées par des prodiges de valeur, et la ville devint en grande partie la proie des flammes. Enfin le 18, à une heure du matin, les Russes l'évacuèrent, et rejoignirent leur armée principale. Ici encore il est impossible de ne pas remarquer l'esprit de mensonge qui présidoit à tous les rapports officiels de Buonaparte : on eût dit que, non content de dévouer à la mort la partie de la nation française qui portoit les armes pour servir son ambition effrénée, il regardait le reste comme dénué de sens, comme devant croire sans examen les assertions les plus absurdes. Ainsi, dans cette affaire, s'il avoua sept cents morts et trois mille deux cents blessés, il prétendit que les ennemis (bien retranchés, et qui avoient défendu la ville pied à pied pendant une journée entière) avoient perdu quatre mille sept cents hommes tués, outre sept à huit mille blessés et deux mille prisonniers. Une telle disproportion dans les pertes, lorsque les assaillans, même victorieux, devoient absolument avoir éprouvé la plus considérable, ne peut être admise que par des gens privés de toute raison.

Tandis que les Russes rendoient les chemins difficiles et brisoient tous les ponts, l'armée française s'avançoit toujours sur le chemin de Moscow, et le maréchal Victor, selon les ordres qu'il avoit reçus, marchoit avec trente mille hommes de Tilsitt à Wilna.

Viasma fut occupé le 30 août par l'armée de Buonaparte; mais les Russes avoient eu le temps d'en détruire les magasins, et de mettre le feu à cette ville, dont la population se retira sur Moscow. Les Français s'avancèrent encore; et chaque général ayant concentré ses forces, il devoit s'ensuivre une action général : elle eut effectivement lieu le 7 septembre; mais dès le 4 on avoit recommencé à se battre. Buonaparte partit de Ghiat le 4, fit une reconnaissance dans laquelle, selon les rapports russes, il éprouva quelque perte. Le 5 l'armée française se mit en mouvement de grand matin, et à deux heures de l'après-midi trouva les Russes retranchés sur une hauteur : elle attaqua leur aile gauche; l'action fut vive, et chaque parti

s'attribua l'avantage. Le 6 Buonaparte re-
connut la position des ennemis, et le général
Koutousow se fortifia de plus en plus, en
appelant à lui ses réserves, et en garnissant
sa gauche de nouvelles batteries. Les forces
des deux armées, selon le rapport français,
étoient à peu près égales, et montoient à
environ cent trente mille hommes de chaque
côté. Malgré la position avantageuse des
Russes, Buonaparte jugea qu'il falloit donner
bataille.

Par un ordre du jour daté des hauteurs
de Borodino, à deux heures du matin, il
enflamma l'ardeur de ses soldats, en leur
annonçant que la victoire étoit nécessaire
pour leur procurer des vivres en abondance,
de bons quartiers d'hiver, et un prompt retour. Il leur remit ensuite devant les yeux
les journées où ils avoient triomphé : et bientôt commença cette action terrible nommée
par Buonaparte *la bataille de la Moskwa*,
et par les Russes celle *de Borodino.*

Il seroit impossible d'en faire un récit qui
eût de l'exactitude, si l'on ne s'attachoit pas
à fondre ensemble les deux rapports officiels,
et à les corriger ou éclaircir ainsi l'un par
l'autre. La bataille, dit Buonaparte (qui,

comme l'on sait, étoit l'auteur des bulletins, surtout dans les occasions importantes), commença à six heures du matin ; à huit les positions des Russes étoient enlevées, leurs redoutes prises, et l'artillerie française couronna les hauteurs qu'ils avoient occupées. Les Russes conviennent que leur aile gauche fut attaquée avec une grande impétuosité, et que leurs ennemis firent succéder fréquemment les uns aux autres des corps de troupes fraîches, selon leur usage dans les actions les plus vigoureuses. Ils furent, continuent les rapports russes, reçus par les divisions de grenadiers de l'aile gauche que commandoit le prince Bagration ; et le centre de la ligne russe ayant attaqué à son tour les forces dirigées contre la gauche, l'affaire devint générale.

Le bulletin français (le dix-huitième) entre dans de plus grands détails : il représente les Russes cherchant à attaquer les positions que défendoient alors trois cents pièces de canon françaises, et périssant au pied de ces mêmes redoutes qui venoient de leur être enlevées. Un avantage qu'ils obtinrent sur le général Morand, les encouragea et leur donna l'idée de faire avancer leur

réserve pour tenter encore la fortune. Pendant deux heures ils furent sous le feu de
quatre-vingt pièces de canon, n'osant avancer, ne voulant pas se retirer, et renonçant
à l'espoir de la victoire. Le roi de Naples dé-
cida enfin l'action par une charge de cavalerie, après laquelle les ennemis se disper-
sèrent. Il étoit alors deux heures après midi;
la canonnade continua encore; mais les Russes
ne combattirent plus que pour se retirer, et
non pour vaincre.

Il est absolument impossible de concilier
cette partie du bulletin avec les rapports ennemis qui disent que le prince Koutousow
data ses dépêches du champ de bataille, que
les Français battirent en retraite pendant
plus de neuf milles, et que le général Platow
les poursuivit avec ses cosaques : à moins
toutefois que dans chaque relation l'on ne se
soit attaché qu'à faire mention des avantages
obtenus sur un point quelconque, en dissi-
mulant ce qui pouvoit s'être passé à quelque
distance de là. Quoi qu'il en soit, l'énumé-
ration des pertes respectives présente aussi
des résultats fort différens. Selon le bulletin,
on compta sur le champ de bataille douze à
treize mille russes tués, et huit à neuf mille

de leurs chevaux : on leur prit soixante pièces de canon et cinq mille hommes. La perte des Français auroit été de deux mille cinq cents morts et du triple de blessés ; en tout dix mille hommes, tandis que l'ennemi en auroit perdu de trente à quarante mille. Quarante généraux russes auroient été tués, blessés ou pris ; le bulletin avoue la perte de deux généraux de division et de quatre généraux de brigade. Il termine en disant que l'empereur ne fut jamais exposé, que la garde à pied ou à cheval ne fut pas engagée, et que la victoire n'avoit pas un seul instant été douteuse.

Des officiers russes déclarèrent que cette bataille avoit été la plus meurtrière où ils se fussent jamais trouvés, et que le carnage y avoit été encore plus grand de beaucoup qu'à la sanglante journée d'Eylau. Les Russes avouèrent une perte considérable en officiers, et estimèrent qu'ils ne perdirent pas moins de vingt-cinq mille hommes. Sur ce dernier point, leur rapport se rapprocheroit assez de l'évaluation faite par le bulletin des Français ; mais il en diffère essentiellement lorsqu'il s'agit d'apprécier la perte de ces derniers. Leurs ennemis prétendent qu'elle fut infiniment plus grande que la leur, et ils en dou-

nent pour principale cause que le feu de
l'artillerie russe fut continué bien plus long-
temps que celui des Français. Au reste, les
bulletins peu détaillés du général Koutousow
portent que l'ennemi n'avoit pas à la fin de
l'action gagné un pouce de terrein, et qu'à la
nuit les Russes étoient maîtres du champ de
bataille. Il ajoute qu'aussitôt qu'il aura re-
cruté ses troupes, et reçu de nouveaux renforts en hommes et en artillerie, il recom-
mencera ses opérations.

Comme après toutes les affaires où chacun
s'attribue la victoire, on fit de part et d'autre
des réjouissances pour cette énorme destruction d'hommes ; l'empereur Alexandre créa
le général russe maréchal-de-camp général,
lui fit don de cent mille roubles, et accorda
une gratification de cinq roubles à chaque
soldat qui s'étoit trouvé à cette terrible bataille.

L'événement prouva qu'en s'attribuant la
victoire, Buonaparte ne s'étoit pas trop livré
aux exagérations que l'on peut souvent lui
reprocher ; car il marcha sur Moscow, que
l'ennemi lui abandonna. Mais ce succès si
chèrement acheté doit être regardé comme le
dernier qu'il obtint ; et dès son entrée dans

l'ancienne capitale de la Russie, il put pres-
sentir la continuité d'effroyables malheurs
qui bientôt accablèrent une si valeureuse
armée.

Il jouit cependant encore une fois d'un de
ces momens si chers à son orgueil, et qu'il
devoit au dévouement absolu de ses braves.
Après la bataille, l'armée française poursuivit sa marche sur Moscow par trois routes,
et le 14 septembre à midi, elle entra dans
cette vaste capitale. Fidèle à son plan de ca-
lomnier tous ceux de ses ennemis qui se mon-
troient trop énergiques dans leur résistance,
il essaya de représenter le gouverneur Rostopchin comme un misérable qui avoit voulu
ruiner la ville et l'incendier de son propre
mouvement, après la retraite de l'armée
russe; tandis qu'il n'avoit fait qu'exécuter
avec une extrême énergie une résolution ar-
rêtée dans le conseil : exemple terrible, mais
sublime de patriotisme, et qui, joint à l'in-
concevable lenteur qu'apporta Buonaparte à
sortir d'une ville en cendres, fut cause du
salut de la Russie. On voulut essayer de défendre le Kremlin, château impérial, situé
au centre de la ville : mais cette résistance
ne fut pas longue. Buonaparte assure qu'il

trouva dans l'arsenal soixante mille fusils neufs et cent vingt pièces de canon sur leurs affûts. Cette assertion paroît évidemment fausse, puisque les Russes avoient eu le temps de transporter hors de la ville des objets moins importans, et qui eussent été pour leurs ennemis de moindre valeur. Tous les habitans, à l'exception de quelques hommes de la populace, avoient abandonné la ville. Le bulletin ne manque pas d'attribuer encore au seul Rostopchin cette mesure qui entroit dans le plan général du souverain et du maréchal Koutousow. Après avoir fait une peinture très-rapprochée de la vérité, de l'état de dénûment où il trouva la ville, Buonaparte ne manque pas d'assurer *qu'il y trouva des ressources considérables de toute espèce.* Enfin il annonce qu'il se logea dans le Kremlin, et que treize mille malades ou blessés russes avoient été abandonnés *sans secours et sans nourriture* dans cette même ville qu'il annonçoit deux lignes plus haut être si bien fournie de tout. C'eût été un double tort aux généraux russes, dont les troupes s'éloignèrent fort peu de Moscow, d'avoir négligé de transporter plus loin ces victimes de la guerre, ou du moins de leur laisser en par-

tant quelques-uns de ces secours que la ville,
selon Buonaparte, fournissoit en abondance.
Toutes ces contradictions sont on ne peut plus
choquantes; mais nous voici au moment où
l'esprit de vertige semble s'être pour toujours
emparé de lui. Nous ne verrons plus dans son
caractère aucune trace de cette ancienne grandeur qui quelquefois avoit forcé au silence
ceux même dont le jugement étoit le mieux
fixé à son égard.

Quelque désastreuse que dut être pour Buonaparte l'occupation temporaire de Moscow,
cet événement ne devoit pas moins dans l'o-
rigine faire sur les esprits du peuple russe
une impression douloureuse. Le maréchal
Koutousow déclara donc publiquement qu'en
abandonnant cette ville à l'ennemi, on en
avoit d'abord retiré *tout ce qui étoit de
prix, tous les objets renfermés dans l'arsenal, presque toutes les autres propriétés
impériales ou particulières, et qu'il n'y
restoit, à l'entrée des Français, qu'un
très-petit nombre d'habitans.* On n'aura pas
de peine à croire qu'il en fut ainsi, puisque la
marche de Buonaparte sur Moscow étoit connue, prévue même depuis plusieurs semaines.
Au reste, loin d'être en déroute, l'armée

russe occupoit une ligne qui commandoit les
deux grands chemins méridionaux allant de
la ville à Kalouga et Toula. Dans cette ex-
cellente position, elle communiquoit avec les
provinces voisines, remplies de milices nom-
breuses, avec l'armée de Tormazoff, au sud-
ouest, et celle de Tchitchagoff, qui par le
sud-est venoit de Moldavie.

A ces détails, qui devoient rassurer en
Russie les esprits éclairés, et sur lesquels
sans doute des milliers de Français firent vainement en secret des réflexions douloureuses,
l'empereur Alexandre joignit une proclamation pleine de sagesse et de fermeté. Il ne
dissimula point à ses peuples combien l'occupation même temporaire de Moscow par Buonaparte lui étoit pénible ; mais il leur fit observer qu'elle n'avoit pas eu lieu par suite de
la déroute de l'armée russe. « Quelque affli-
geant qu'il soit, ajoutoit-il, de savoir que la
capitale de l'Empire est aux mains de l'ennemi de notre pays, cependant il est conso-
lant de songer qu'il ne possède que *des mu-
railles, ne renfermant ni habitans ni
provisions.* L'orgueilleux conquérant s'ima-
ginoit qu'en entrant dans Moscow il devien-
droit l'arbitre des destins de l'Empire russe,

et qu'il lui dicteroit telle paix qu'il jugeroit convenable ; mais il est trompé dans son attente ; il n'aura acquis ni les moyens de nous dicter des ordres, ni ceux de subsister. »

L'empereur russe établit ensuite, qu'entré en Russie avec trois cent mille hommes de différentes nations, et dont la plupart ne lui obéissoient que par la terreur, Buonaparte en a déjà perdu la moitié par la bravoure de ses ennemis, la désertion, la disette ou les maladies. «Sans doute, continue ce prince, son irruption audacieuse non seulement dans le cœur de la Russie, mais dans son ancienne capitale, doit plaire à son ambition et lui donner sujet de s'enorgueillir ; *mais c'est par son résultat qu'il faudra déterminer le caractère de cette entreprise.* »

Le monarque trace ensuite le tableau de l'énergie dont ses troupes et son peuple sont animés. Il l'oppose à celui des embarras qui se multiplient autour de l'ennemi. Il montre les Espagnols prêts à prendre l'offensive après avoir secoué son joug, le reste de l'Europe invoquant le moment d'imiter ce généreux exemple, et enfin la France elle-même consternée « de ne pas voir tarir les torrens de son sang, versé pour servir l'ambition de Buonaparte. »

Il est impossible, surtout pour des Français, dans les circonstances actuelles, de lire sans attendrissement le passage qui termine cette proclamation.

« Dans la situation désastreuse où sont aujourd'hui les nations, ce pays, dit le monarque russe, n'acquierra-t-il pas une éternelle renommée, lorsqu'après avoir éprouvé les malheurs inévitables de la guerre, il parviendra enfin, par sa patience et son intrépidité, à procurer une paix équitable et permanente non seulement à lui, mais aux autres États, *et à ceux-là même qui involontairement combattent contre nous? Il est doux et naturel à une nation généreuse de rendre le bien pour le mal.* »

Buonaparte n'avoit fait qu'indiquer dans son 19ᵉ bulletin, daté du 26 septembre, l'incendie qui avoit consumé Moscow le 14, quoiqu'il eût pu dès lors connoître parfaitement toute l'étendue du désastre. Son 20ᵉ bulletin, en date du 17, découvrit enfin la vérité toute entière, mais avec des contradictions palpables. Il eut soin de dire à plusieurs reprises que la perte éprouvée par les habitans avoit été énorme, « parce qu'ils n'avoient jamais pensé que son armée pût ar-

river à Moscow »; et lorsqu'il eut ajouté,
« que cette ville, l'une des plus belles et des
plus riches du monde, *n'existoit plus* », il ne
tint pas à lui que l'on ne crût « que l'armée
avoit *en abondance* du pain, des pommes
de terre, des choux et autres végétaux, de
la viande, des provisions salées, du vin, de
l'eau-de-vie, du sucre, du café, en un mot
des provisions de toute espèce. » Enfin,
« quoique la température fût encore celle de
l'automne, les soldats avoient trouvé et con-
tinuoient à trouver à chaque instant des pe-
lisses et des fourrures pour l'hiver. » Et tant
d'objets utiles existoient dans une ville à laquelle *trois ou quatre cents hommes avoient*
mis le feu en même temps dans cinq cents
endroits différens, par ordre de Rostopchin; où les cinq sixièmes des maisons étoient
en bois, où seize cents églises, mille palais
et des magasins immenses étoient devenus la
proie des flammes; où enfin les treize mille
malades ou blessés russes avoient péri dans
l'incendie! La vérité, la triste vérité, c'est
que la ville, à l'arrivée des Français, avoit
été livrée à la destruction, pour qu'ils n'y
trouvassent pas tout ce qui auroit pu les re-
mettre de leurs fatigues, et leur offrir d'ex-
cellens quartiers d'hiver.

Le bulletin suivant (le 21ᵉ) renferme de nouvelles invectives contre Rostopchin, et assure que l'on découvre chaque jour des caves pleines de vin et d'eau-de-vie. Au nombre des objets dont on s'est emparé, se trouvent quinze cent mille cartouches et quatre cent mille livres de poudre à canon, conservées sans doute par le plus étonnant miracle, dans une ville en feu, et où treize mille personnes n'ont pu échapper à l'embrasement !

Jamais on ne comprendra pourquoi, à l'approche de l'hiver, et ne pouvant plus, comme les faits le prouvèrent, marcher désormais en avant, Buonaparte s'obstina à rester dans Moscow. L'étonnement ne sera pas moindre, lorsque l'on songera quelles y furent ses occupations. Toute la France crut d'abord que ce grand événement amèneroit une paix si ardemment désirée ; Buonaparte lui envoya, au lieu de nouvelles des négociations, quelques décrets insignifians, dont l'un entre autres régloit, du Kremlin, l'administration de nos spectacles. Il est vrai qu'à cette époque les spectacles dévoient être devenus la passion favorite et dominante du conquérant ; car il fallut absolument qu'on lui jouât tous les soirs la comédie, au milieu de si vastes ruines. Vainement les acteurs avoient pris la fuite, ou étoient au nombre des Français emmenés par les Russes ; vainement les décorations étoient consumées ; il fallut que l'on recréât à la hâte et le théâtre et les décorations, que l'on recrutât, au son de la caisse, des acteurs :•à ce moyen, pendant plus d'un mois Buonaparte eut chaque soir la comédie.

Un spectacle d'une autre espèce fut la condamnation à mort et l'exécution de plusieurs Russes convaincus d'avoir mis le feu à la vil'e dont plusieurs étoient originaires. On a reproché ce fait à Buonaparte comme une atrocité et comme un attentat au droit des gens. En effet, puisque le cruel droit de la guerre permet de faire tout ce qui peut nuire à l'ennemi, ou ne voit pas trop comment une commission militaire française auroit pu faire périr des sujets russes qui déclaroient n'avoir agi que par ordre de leurs supérieurs. Il est malheureusement trop certain qu'en Espagne, en Portugal et en Allemagne, les ordres exprès de Buonaparte firent ainsi condamner des habitans de ces divers pays, convaincus d'avoir agi hostilement envers lui ; et que les menaces de représailles purent seules arrêter le cours de ces meurtres prétendus judiciaires, qui ajoutoient de nouvelles horreurs aux horreurs de la guerre (1).

Jusqu'au vingt-cinquième bulletin, qui annonça l'évacuation de Moscow, les nouvelles données par Buonaparte n'eurent rien de bien remarquable. Il rapporta une lettre du comte Rostopchin, attachée sur la porte de son château de Vonorovo, dans laquelle il annonçoit « qu'il avoit mis le feu à cette demeure, qu'il avoit embellie et habitée pendant huit ans avec sa famille, pour qu'elle ne fût point souillée par la présence des ennemis. » Ce

(1) De telles inculpations sont de celles que l'on doit prouver. Sans entrer dans des détails trop pénibles, il suffit d'indiquer une *notification* aux généraux français, datée de Dessau, le 24 avril (6 mai) 1813, et signée d'Auvray, chef de l'état-major du comte Wittgenstein. Elle se trouve dans la première livraison des *Pièces officielles*, etc., que M. Frédéric Schœll vient de publier, et est ainsi conçue :

« Le général de cavalerie, comte de Wittgenstein, commandant l'armée russe, a appris que les généraux français se sont permis de faire arrêter et même fusiller dans les provinces allemandes des citoyens qui avoient manifesté leur attachement pour la cause sainte et juste que nous défendons. Le comte de Wittgenstein m'autorise à vous déclarer, et à prendre Dieu à témoin qu'il usera de représailles sur les prisonniers français, soit généraux, soit officiers supérieurs, soit commissaires de guerre. Leur vie répondra de la vie, de la sûreté et des propriétés des habitans des villes et des provinces qui se sont déclarées pour l'indépendance de l'Allemagne. »

trait de désespoir n'eut heureusement point d'imitateurs ; les autres maisons de campagne aux environs de Moscow furent intactes, et Buonaparte se vanta, sans doute avec raison, d'avoir voulu qu'on les épargnât.

Il ne fut pas d'aussi bonne foi lorsqu'il parla de légères escarmouches entre le roi de Naples et les cosaques, dans lesquelles le premier auroit toujours eu l'avantage. Voici ce qui résulte d'un rapport du maréchal Koutousow, daté du village de Letaschefka, le 7 (19) octobre.

Ce général, apprenant que le corps d'armée du maréchal Victor avoit quitté Smolensk pour rejoindre la grande armée, résolut d'attaquer le corps du roi de Naples, fort de quarante-cinq à cinquante mille hommes, afin de le battre avant l'arrivée du maréchal. Ce corps étoit près de la rivière Tshernishna, à quelque distance du reste de l'armée. Le 6 (18), l'aile droite des Russes passa la Nara sous les ordres du général Bennigsen, et l'armée suivit son mouvement par la grande route. Les cosaques, commandés par le comte Orloff-Denisoff, et renforcés par quelques corps de cavalerie du général Muller, ainsi que par les 2e, 3e et 4e corps d'infanterie, tombèrent à l'improviste sur les Français, qui

furent poursuivis jusqu'à quelque distance
du champ de bataille. On leur tua deux mille
cinq cents hommes, mille furent faits prisonniers; on s'empara en outre de quarante chariots, de trente-huit pièces de canon, de tout
le bagage et d'un étendard d'honneur appar-
tenant à un régiment de cuirassiers, qui l'a-
voit obtenu pour sa brillante conduite dans
plusieurs actions, et notamment à la mémorable journée d'Austerlitz. Un régiment de
cosaques fit plus de cinq cents prisonniers, avec
un général appelé dans le rapport M. Daru.
Les Russes prétendent que cet avantage ne
leur coûta que trois cents hommes tués, y
compris un lieutenant général, nommé Ba-
gawat. Le général Bennigsen reçut un coup
de feu qui ne l'empêcha pas de donner ses
ordres dans tout le cours de l'action.

Quelque influence qu'eût put avoir cet événement sur les résolutions de Buonaparte, il
annonça dans son vingt-cinquième bulletin,
daté de Moelske, le 20 octobre, que, dès le
15, le 16, le 17 et le 18, il fit évacuer les malades sur Mojaïsk et Smolensk; cependant
divers rapports annoncent que les Russes,
en réoccupant Moscow, y trouvèrent plusieurs milliers de Français malades et dans

l'état le plus triste. On fit partir aussi l'artillerie et les munitions, ainsi que beaucoup de
trophées ou d'objets curieux qui ne devoient
pas tarder à retomber au pouvoir de leurs
anciens maîtres. Après une possession de
trente-cinq jours, Buonaparte s'aperçut
(sans doute pour la première fois, puisque
seulement alors il le déclara) « *que Moscow
n'étoit pas une position militaire, et n'a-
voit plus d'importance politique, puisque
cette ville étoit brûlée et ruinée pour cent
ans.* Il est ensuite question d'une attaque de
cosaques qui prirent cent hommes et cent
chariots de bagages au général Sébastiani,
de la destruction d'une colonne d'infanterie
de quatre bataillons, que le roi de Naples
tailla en pièces. Le temps étoit beau, mais
*on devoit s'attendre au froid dans les pre-
miers jours de novembre....* On avouoit que
la cavalerie avoit besoin de quartier d'hiver ;
l'infanterie se portoit fort bien. »

Déjà l'inquiétude et un aveu tacite que
toutes les superbes espérances de Buonaparte avoient été déçues, percent dans ce bulletin. Avant de quitter Moscow, disent les
Russes, il avoit envoyé le général Lauriston
pour solliciter un armistice qui dût préparer

la voie aux négociations de paix. Ce général
avoit été reçu poliment et conduit au maréchal Koutousow, qui refusa de faire partir,
comme il le demandoit, un messager à Pétersbourg, donnant pour motif de son refus,
que l'on ne pouvoit songer à la paix lorsque
la guerre,. de la part des Russes, ne faisoit
que de commencer. Le chef de l'armée russe
soupçonnoit que Buonaparte songeoit à se retirer et à se mettre en état de recevoir des
renforts. Il agit donc d'après cette idée, et
l'armée française commença sa funeste retraite, ayant derrière elle Koutousow posté à
Kalouga, tandis que Wittgenstein occupoit
Polosk (dont il s'étoit emparé par suite d'une
affaire sanglante, comme on le verra plus
bas), et que Tormasoff occupoit Minski.

Ce même bulletin faisoit mention de la gar-
nison que Buonaparte laissa dans Moscow;
c'est ici le lieu de rapporter comment cette
ville fut reprise le 22 par les Russes.

Le général Winzingerode attaqua les premiers postes avec impétuosité, et les força à
la retraite; en s'avançant vers le Kremlin,
il se sépara de ses troupes. Son dessein étoit
de faire cesser le feu; mais le commandant
français ne faisant pas attention aux mou-

choirs blancs que lui et son aide-de-camp,
nommé Narishkin, agitoient en l'air, les fit
prisonniers. Le major général Jlowaiska continua l'attaque et s'empara du Kremlin, ainsi
que de toute la ville, où il trouva, dit-il,
outre les hôpitaux français, un grand nombre
de munitions (1).

Le 26ᵉ bulletin daté de Borouwk, le 23
octobre, et le 27ᵉ daté de Vereira, le 27, ne
furent guère composés que d'aperçus rétro-
grades et de révélations tardives. Buonaparte
avait senti le mauvais effet que déjà les précédens devoient produire ; il s'avisa, pour y
remédier, de reparler de cette bataille de la
Moskwa ou de Borodino, livrée quarante-
six jours auparavant ; il avoua ensuite l'en-
voi du général Lauriston au quartier général
russe, et la défaite du 18. La déroute qu'un
corps russe avait dû éprouver ; une attaque
faite par les cosaques, et qui réussit en
partie, ne sont pas rapportées avec cette
netteté qui doit caractériser de telles rela-
tions. Partout on s'aperçoit combien dès ces
premiers jours la retraite étoit difficile.

(1) Le général Winzingerode, et son aide-de-camp furent
repris peu de temps après entre Minski et Wilna, par le colonel Chernichef, aide-de-camp de l'empereur de Russie. Ils
étoient escortés par des gendarmes, et venoient de Vereira,
où ils avoient été présentés à Buonaparte.

L'accroissement du mal devient encore
plus évident à la lecture du 28ᵉ. bulletin daté
de Smolensk, le 11 novembre. Ici paraissent
enfin, avec moins de détours, les aveux
douloureux. L'hiver a commencé le 7; les
chemins sont difficiles pour les équipages,
beaucoup d'hommes ont péri de froid et de
fatigue; les bivouacs de nuit leur sont funestes. Douze mille hommes d'infanterie russe,
couverts par *une nuée* de cosaques, ont
voulu à une lieue de Viasma intercepter la
communication entre le maréchal Davoust et
le vice-roi d'Italie; mais on leur a fait bon
nombre de prisonniers et enlevé six pièces
de canon. Au reste, en cinq jours seulement, on a perdu plus de 3000 chevaux de
trait, et près de 100 caissons ont été dé-
truits. Puis viennent des rapports sur le maréchal Gouvion-Saint-Cyr, mais sans que
l'on donne les résultats définitifs de ses combats avec le général Wittgenstein; enfin, la
santé de l'empereur n'a jamais été meilleure.

Nous voici parvenus à cet effroyable 29ᵉ et
dernier bulletin, daté de Molodetschno,
le 3 décembre, et inséré dans le *Moniteur*
du 17 du même mois. A Paris, et sans nul
doute, dans tout le reste de la France, il

produisit une consternation universelle. Accoutumés, comme nous l'étions tous à *tra-
duire* les expressions officielles de Buonaparte, nous sentîmes qu'il ne pouvoit pas
s'être condamné à de si fatales révélations,
sans que tout fût perdu ; et par malheur,
nous ne nous abusions pas. Nous apprîmes
enfin que le froid avoit été de 16 à 18 degrés au-dessous de glace ; que les chevaux
mouroient chaque nuit, non par centaines,
mais par milliers ; qu'en peu de jours plus
de 30,000 chevaux périrent ; que la cavalerie, cette cavalerie superbe qui avoit pris
une part si brillante à tant de batailles, à
tant de victoires, étoit démontée ; que les
bagages et l'artillerie n'avoient plus d'attela-
ges....... (1) Mais il seroit superflu d'emprun-
ter plus long-temps des détails sinistres à ce
désastreux bulletin, trop bien connu en
France. Si l'on a rappelé jusqu'ici ces pièces
officielles de Buonaparte, c'étoit pour les

(1) On fut frappé à Paris de cette affectation à ne nous
parler d'abord que des pertes *en chevaux*, sans vous rien dire
de positif de celles que l'on avoit dû faire *en hommes.* Buonaparte pensait-il nous en imposer encore par son silence sur le
sort de nos compatriotes, ou bien étoit-il réellement plus tou-
ché des ravages exercés par le froid et la misère parmi les chevaux que parmi ses soldats, en ce qu'il regardoit la perte des
premiers comme moins réparable ?

mettre en opposition avec les rapports des Russes, et faire ainsi connoître la vérité toute entière. Seroit-il nécessaire de faire remarquer combien même dans cet exposé de la situation où il avoit mis une si belle, une si brave armée, Buonaparte a encore entassé de mensonges et d'absurdités? Comment, par exemple, a-t-il osé dire que l'armée emmenoit avec elle *tous* les officiers et soldats blessés dans tant de batailles, et qu'on les avoit envoyés à Wilna? Par quel enchantement y furent-ils donc transportés, ces infortunés, lorsqu'on avoit été obligé d'abandonner les chariots, faute de chevaux pour les traîner? On verra trop que les récits de combats sont également controuvés dans ce bulletin, qui du reste finit par le refrain ordinaire : « *La santé de sa majesté* » *n'a jamais été meilleure* (1). » Effective-

(1) Je n'oublierai jamais l'effet sinistre que produisoit, surtout dans les derniers temps, cette phrase, éternel refrain des bulletins. Ne sembloit-elle pas dire, ne disoit-elle pas en effet aux amis de la paix, aux pères de familles, à tous ceux qui gémissoient sous une si cruelle oppression : l'empereur n'ignore pas que, dans le fond de vos cœurs, vous le détestez; il n'ignore pas que, dans le désir où vous êtes d'un meilleur état de choses, il vous arrive quelquefois de compter, non précisément sur les événemens de la guerre, car vous savez qu'il s'expose peu, mais sur quelque accident fortuit, sur les chances

ment , nous en eûmes des preuves. Le-len-
demain du jour où le bulletin eut jeté le
deuil dans tout Paris , Buonaparte , déser-
teur de ce qui lui restoit de tant de braves ,
arriva de nuit dans *sa* bonne ville , pour y
recevoir des adresses de félicitation !

Si quelque chose pouvoit inspirer plus
d'horreur que ce bulletin , c'étoit la note
dont il fut accompagné. On nous y disoit
« qu'il devoit ajouter à l'admiration qu'ins-
piroient la fermeté héroïque et le puissant
génie de sa majesté..... que peu de pages
dans l'histoire ancienne ou moderne pou-
voient être comparées à ce mémorable
bulletin , sous le rapport de la noblesse ,
de l'élévation et de l'intérêt ; que c'étoit
une pièce historique du premier rang ;
enfin , que Xénophon et César avoient
ainsi écrit , l'un la retraite des Dix Mille ,
l'autre ses Commentaires !

Il est des sensations qu'aucune langue ne
peut exprimer, et qu'il faut renoncer à pein-

---

d'une maladie. Détrompez-vous, *sa santé n'a jamais été*
meilleure ; ainsi tant de sang prodigué, tant de malheurs
dont chaque famille a eu sa part, ne sont rien encore. Bientôt
il demandera de nouveau une partie des richesses et de la population de la France ; or vous savez si jamais, en pareille cir-
constance, on lui a rien refusé.

dre. Celles que font naître tant d'impudeur
et de bassesse sont de ce nombre. L'auteur,
quel qu'il soit, de ces inconcevables phrases, méritoit d'avoir toute sa vie Buonaparte
pour maître.

Ce fut le 6 octobre que le général Wittgenstein commença ses opérations contre le
maréchal Gouvion - Saint - Cyr, qui défendoit
Polotsk. L'avant-garde française fut chassée
d'un village après un engagement très-san-
glant qui, ayant commencé à six heures du
matin, dura jusqu'à la nuit ; leur armée
canonna les Russes avec vigueur dans toutes
les directions. Le matin du 7, le général
Wittgenstein n'entreprit rien, parce qu'il
attendoit que le lieutenant-général Steinheil
eût attaqué les Français de l'autre côté de
la Dwina. Cette attaque eut lieu ; le village
de Bolonia fut évacué, et Steinheil poursuivit
le corps ennemi jusqu'à Polotsk : Wittgenstein en ayant été informé, attaqua les re-
tranchemens à cinq heures du soir ; ils furent
emportés, et les Français se retirèrent dans
la ville, environnée d'une double palissade ;
ils s'y maintinrent presque toute la nuit,
faisant un feu continu de tous côtés, tant de
derrière les palissades que des maisons.

Après avoir fait jouer son artillerie, le général russe ordonna l'assaut sur deux divisions.
Le lieutenant-général Cazanove voyant qu'il
étoit près de la ville avec ses troupes, s'é-
lança aussi à l'assaut, et fut le premier à y
entrer. La place fut ainsi prise le 8 octobre,
à trois heures du matin. La perte des Français dut être très-grande ; car tous les lieux
de l'action étoient couverts de corps morts ;
et, selon le rapport des habitans, ils avoient
employé toute la journée précédente à transporter de l'autre côté du fleuve leurs blessés.
Le maréchal Gouvion-Saint-Cyr fut lui-même
blessé à la jambe. Les Russes prirent quarante-cinq officiers, parmi lesquels étoient
deux colonels et deux mille soldats ; ils s'emparèrent aussi d'un canon et d'une grande
quantité de provisions que les Français n'eurent pas le temps de détruire. La perte des
assaillans fut aussi très-considérable, et ils
eurent à proportion beaucoup plus de blessés
que de morts.

Pendant que près la route que Buonaparte
devoit tenir pour opérer sa retraite, une
place forte lui étoit ainsi enlevée, il se préparoit à quitter Moscow ; à peine se fut-il
mis en marche, qu'il fut harcelé sans cesse

par les généraux de cosaques Platow et Orloff
Denisoff; sans cesse ils se présentoient à lui
de front ou sur les flancs ; dès lors les Français furent obligés de détruire leurs munitions, et les chemins commencèrent à être
couverts de cadavres d'hommes et de chevaux.

Le 3 novembre, le général Millaradovitch,
avec la colonne sous son commandement,
gagna la grande route de Viasma, où il eut
un engagement très-vif avec l'avant-garde,
composée, selon le rapport des prisonniers,
des divisions du vice-roi et des maréchaux
Davoust et Ney ; ces divisions tentèrent vainement d'arrêter les progrès des Russes ; et
après plusieurs charges brillantes exécutées
par la cavalerie de ces derniers, les Français
furent chassés à la baïonnette de Viasma, et
poursuivis jusqu'à Erénina par la cavalerie
légère aux ordres du général Platow. On
porta la perte des Français en tués et blessés
dans cette affaire, à six mille hommes, outre
deux mille cinq cents prisonniers, parmi
lesquels étoient le général d'artillerie Pelle-
tier et le colonel Morat, aide-de-camp du
maréchal Davoust. Durant la poursuite depuis Viasma, un grand nombre de Français
furent tués ; on leur prit un étendard et trois

pièces de canon, et on leur fit plus de mille prisonniers. Dans les premiers momens de la retraite, on prit le secrétaire du duc de Bassano avec tous ses employés (1).

» Le 24 octobre, deux jours après la reprise de Moscow, l'armée française fut reconnue par un officier de cosaques, qui vit quatre camps, l'un sur le chemin de Kalouga, près de Borofsk, et trois sur la rive gauche de la Protva. La nuit du 24, le général Borocoff eut ordre de se poster à Mala-Jaroslaff, situé entre Borofsk et Kalouga : il trouva cette place déjà occupée par un détachement français. Une action très-chaude eut lieu : les troupes de chaque côté furent renforcées, et la ville fut prise et reprise jusqu'à *onze fois*. Le maréchal Koutousow mit, pendant ce temps, son armée en mouvement par la gauche; et arrivé à Mala-Jaroslaff, il établit son quartier général à deux werstes au sud de cette ville, qui étoit brûlée. Il détacha un corps considérable sous les ordres du général Platow à Médina, sur sa

(1) Pour ce qui concerne les détails du commencement de la retraite, on croit devoir rapporter textuellement plusieurs passages d'une lettre de lord Cathcart, datée de Pétersbourg, le 11 novembre. Ils prouvent avec quelle attention le général russe avoit toujours surveillé les mouvemens de son ennemi.

gauche, où celui-ci prit onze pièces de canon, et laissa le champ de bataille couvert
de morts. L'obstination de la défense depuis
Mala-Jaroslaff, et d'autres circonstances,
tendoient à confirmer le feld-maréchal dans
l'opinion que le dessein de Buonaparte étoit
de s'ouvrir de force un passage dans les provinces méridionales ; et quoiqu'il y eût de
grandes raisons pour croire qu'il se préparoit
à faire retraite sur Smolensk, et par Wilna
jusqu'au Niémen, cependant le maréchal
crut nécessaire de diriger sa principale attention vers les chemins qui conduisoient au
sud. Dans l'intention de commander plus
complètement ces routes, il prit position à
quarante werstes de Kalouga, près de Gorki.
Voyant que les Français marchoient par
Verrea sur Mojaisk, il s'avança de nouveau
vers Médina ; et ayant été informé que le
quartier général français étoit le 30 octobre
à Coloki, monastère peu éloigné de Borodino,
il fit ses dispositions pour arrêter sa marche
près de Smolensk. Platow et les cosaques
ayant été détachés dans le dessein de haras-
ser et d'entourer l'armée française, le maréchal Koutousow renforça le corps du général
Millaradovitch, et le porta à dix-huit mille

hommes. Dirigeant sa marche à gauche, vers Viasma, le maréchal lui-même s'avança par Spaskoi et Celinka, dans une direction parallèle à celle du général Millaradowitch. Ces lignes parallèles de marche étaient plus courtes, mais exposoient à de grandes difficultés, vu que les chemins étoient moins praticables. La tête de la colonne du général Millaradowitch atteignit, la première, le grand chemin près de Viasma. Le quartier général de Koutousow fut établi au village de Bukovoi, un peu au sud de Viasma. Quant à l'armée française, il parut, par les papiers d'un commissaire général fait prisonnier, qu'elle comptoit les vivres pour cent vingt mille hommes, mais que sa force réelle étoit réduite à quatre-vingt-cinq mille à l'époque de l'évacuation de Moscow, et que Buonaparte avoit fait marché avec une compagnie de juifs pour lui fournir des provisions dans la ligne de sa retraite. Ses gardes, et quelques corps d'élite, avoient été traités avec un soin particulier, et tenus autant que possible éloignés de l'action. Il paroît que ces corps précédèrent la retraite du reste des troupes. On dit que Buonaparte voyageoit en voiture, accompagné du roi de Naples,

qui avoit reçu une contusion au genou , et
du maréchal Berthier. Il étoit difficile de
concevoir que cette avant-garde pût conti-
nuer sa route sans faire halte ; dans ce cas ,
avec l'assistance des troupes légères, l'armée
russe étoit en état de l'atteindre ; elle avoit
devant elle le comte Wittgenstein, dont l'activité et le zèle ne se démentoient pas ; elle
devoit de plus rencontrer sur le chemin de
Minski l'amiral Thichagoff, qui, avec l'armée de Moldavie , avoit le moyen de se réunir au comte Wittgenstein pour rencontrer
l'ennemi sur ce chemin , ou opérer sur l'un
de ses flancs. Le maréchal Koutousow envoya entre autres un détachement considérable qui étoit à Elnée, près de Smolensk,
sous les ordres du lieutenant-général She-
petoff, le 1er. novembre, et qui se proposoit
d'arrêter la marche de l'ennemi. Ainsi, les
fruits de l'incursion des Français à Moscow,
effectuée au prix de la vie de tant de braves
officiers et soldats, sembloient s'être bornés
à l'incendie et à la destruction de cette ville,
et à la ruine et à la désolation des habitans
et des propriétaires voisins de la grande
route et dans les environs de Moscow ; tandis
que, jusqu'à la dernière époque de l'histoire,

elle illustrera le courage et le patriotisme des Russes. —Les dernières nouvelles du comte de Wittgenstein étoient en date du 3 novembre, et datées de Tchasnick. Après l'affaire de Polotsk, ce général détacha un corps pour observer Macdonald, tandis qu'il envoya le général Steinheil sur le chemin de Wilna ; celui-ci, après avoir coupé le corps bavarois de celui de Saint-Cyr, et l'avoir entièrement dispersé en lui prenant ses canons et ses drapeaux, joignit le comte Wittgenstein, qui attaqua le reste des Français sous le commandement du général Legrand, le maréchal Saint-Cyr s'étant retiré à cause d'une blessure ; ce corps étoit renforcé par le maréchal Victor à la tête de quinze mille hommes ; et ayant pris poste près de Tchasnik, il y fut défait le 31 octobre par le comte de Wittgenstein, qui, remarquant que la position étoit bonne pour lui-même, continua de l'occuper en détachant un corps pour prendre possession de Witepsk. Les dernières dépêches de l'amiral Tchichagoff, datées de Breslitow, le 22 octobre, annoncèrent le succès d'un détachement commandé par le général Tchaplitz, qui, le 20 octobre, prit le général polonais Konotkoff avec tout le régiment de hussards de la garde française. Le prince Schwartzenberg passa le Bog sans donner à l'amiral aucune occasion de l'amener à une action, etc. »

A cette dépêche l'ambassadeur anglais joignit le jour suivant un bulletin conçu en ces termes :

Saint-Pétersbourg, 11 novembre.

« Witepsk est pris par le comte Wittgehstein. Le général comte Pouget, qui commandoit les troupes, est fait prisonnier, ainsi que le colonel Chavondes, commandant de la ville. »

Un rapport du maréchal Koutousow, daté de Viasma, le 5 (17) novembre, annonçoit que la fuite de Buonaparte continuoit avec une précipitation extrême, et que la poursuite par les divers corps de l'armée russe, avoit été constante, vigoureuse, et suivie de grands succès.

Le 5 novembre, le général Millaradowitch arriva dans un village à quarante verstes de Viasma, sur le chemin de Smolensk, en poursuivant les Français. Le général Platow marchoit à la droite du chemin pour tâcher d'atteindre la tête de la colonne ; tandis que l'armée principale manœuvroit sur la gauche,

vers Elnée, sous les ordres du maréchal
Koutousow.

« La grande route, dit dans une dépêche
sir R. Wilson, envoyé anglois près l'armée
russe, offroit des scènes de destruction sans
exemple dans les guerres modernes, par le
nombre d'hommes morts et mourans, et les
carcasses de chevaux, dont beaucoup avoient
été tués pour servir de nourriture. Les maisons des paysans étoient partout en feu; on
avoit fait sauter un grand nombre de chariots
de munition, et tout offroit le spectacle des
plus grands désastres. La gelée étoit venue,
et le termomètre de Réaumur marquoit
de 10 à 15 degrés au-dessous de glace : les
effets de la famine, de la fatigue et du froid
sur une armée en fuite dans un pays rempli
de paysans furieux, étoient terribles. Pendant leur marche, les cosaques prirent deux
étendards des hussards de la garde impériale
et un obusier abandonné. »

Cette dépêche étant de la même date que
le rapport du maréchal Koutousow, il faut
en tirer cette affligeante conséquence, que
sir Wilson n'a voulu et pu parler que *des
premiers jours seulement* d'un désastre
dont un des caractères fut d'aller toujours en
croissant jusqu'au dernier moment.

Le matin du 7 novembre , le général Millaradowitch entra dans Dorogobugsh; les
Français tentèrent de faire quelque résistance ; mais ils furent dépostés d'une position avantageuse par les chasseurs russes ,
avec perte de trois cents hommes faits prisonniers , outre les malades et les blessés.
Dans cette attaque et le jour précédent, un
obusier et trois canons furent pris avec plus
de cent quarante chariots de munition ; deux
officiers russes de marque furent alors repris. L'insubordination était déjà très-grande
parmi l'armée française.

Le 9 novembre , le maréchal Koutousow
arriva à Elnée, où il reçut un rapport du
général Platow, qui avoit attaqué quatre divisions de l'armée française , commandées
par le vice-roi. Ce général dit que les cosaques chargèrent sur ce corps en le parta-
geant en deux , y firent un grand carnage ,
et s'emparèrent de soixante-deux pièces de
canons , de quelques étendarts , de plusieurs
plans et papiers de conséqüence ; ils firent en
outre plus de trois mille prisonniers , parmi
lesquels, ainsi que parmi les morts, étoient
plusieurs officiers de distinction : une partie
de ce qui restoit de ce corps s'enfuit dans la

direction de Dorogobugsh, et l'autre dans celle de Dougovtchstchina, poursuivie par les cosaques et la cavalerie légère ; le général Samson, quartier-maître général de toute l'armée française, fut pris avec cinq cents hommes de divers rangs sur le flanc droit du général Platow.

Un officier fut aussi pris avec des lettres du vice-roi au maréchal Berthier, sur l'état dans lequel Buonaparte avoit laissé cette partie de son armée : la marche des gardes et de la première division ne s'effectua pas sans une forte perte, car on trouva sur la route un grand nombre de leurs cadavres.

Le 9 novembre, le comte Orlof-Denizoff, s'étant avancé sur les chemins vers Smolensk et Krasnoi, fut informé de la marche d'un corps français parti de Smolensk dans la direction de Kalouga ; il étoit composé de troupes fraîches tirées de divers régimens de la garde, et commandé par le général Baraguay-d'Hilliers, ayant avec lui le général Charpentier et le brigadier général Augereau, frère du maréchal ; ces troupes étoient distribuées dans les villages de Yaswin, Lakoff et Dolgomust. Les dispositions d'attaque furent aussitôt faites par trois corps de partisans que

commandoient le capitaine Seslavin , le colonel Davidoff et le capitaine Phigner ; les résultats furent que le corps de Charpentier
fut presque entièrement taillé en pièces, que
Baraguay-d'Hilliers , ayant entendu pendant
plusieurs heures une canonnade du côté de la
division d'Augereau, fit sa retraite sur Smolensk , et que le corps d'Augereau, composé
de trois mille hommes, se rendit au capitaine
Phigner , après avoir perdu à peu près le tiers
de ses forces; le total des prisonniers fut d'un
général, de soixante officiers et de deux mille
soldats : les officiers dirent que le but de leur
marche étoit d'ouvrir une autre communication dans la direction de Kalouga. Depuis
cette affaire , on prit encore près de Smolensk trois officiers-généraux, plus de vingt
pièces de canon et quatre mille hommes.

Le maréchal Victor ayant eu ordre de re-
jeter le comte Wittgenstein au-delà de la
Dwina, l'attaqua le 14 novembre ; le général
russe ordonna à sa garde avancée de se retirer :
ce qu'elle fit en échiquier sous un feu très-
vif; alors les Français furent accueillis par
l'artillerie , qui leur tua ou blessa environ
deux mille hommes ; le lendemain au matin
ils se retirèrent vers Senno, et on leur fit six
cents prisonniers.

*Rapports du feld-maréchal prince Kou-
tousow à l'empereur Alexandre, datés
du village de Dubrovo.*

Premier rapport, du 18 novembre.

« Après la bataille qui eut lieu près de
Viasma, le 22 octobre, mon armée fit tous
les efforts pour tourner sinon tous les corps
ennemis, au moins leur avant-garde sur le
chemin de Jelna à Krasnoi. Elle y réussit
complètement le 17 et le 18 novembre : le
16, l'armée fit un mouvement en avançant
de cinq verstes jusqu'à la ville de Krasnoi ;
la garde avancée tomba sur l'ennemi, qui fut
complètement défait par le lieutenant-général
Onverow. A cette occasion, nous prîmes un
étendard et fîmes un grand nombre de prisonniers, dont un étoit un général. Le général
Millaradovitch, commandant la garde avancée, avec le deuxième corps d'infanterie légère, et le deuxième de cavalerie, aperçut
que le corps commandé par le maréchal Davoust s'avançait vers Krasnoi, et y détacha
le lieutenant-général prince Galitzin ; l'ennemi, se voyant tourné de tous côtés, commença à se défendre : notre artillerie fit un
terrible carnage dans ses rangs. *Napoléon lui-*

même étoit témoin oculaire de la bataille; ne voulant pas en attendre l'issue, il s'en-fuit avec toute sa suite au village de Liadam, et abandonna le corps de Da-voust. La bataille dura tout le jour ; l'ennemi fut complètement défait et dispersé dans le bois voisin, dans une distance de cinq verstes, sur les bords du Nieper. Ainsi, le corps du maréchal Davoust fut entièrement détruit. Sa perte, en tués et blessés, est immense. Nous avons en notre pouvoir deux généraux, cinquante-huit officiers de différens rangs, neuf mille cent soixante-dix hommes, soixante-dix canons, trois étendards et le bâton du maréchal Davoust. Le 17 novembre, étant informé que le corps du maréchal Ney, for-mant l'arrière-garde de l'ennemi, marchoit dans le chemin qui conduit à Krasnoi, je fis les dispositions suivantes :

Second Rapport.

» Pour obtenir une victoire certaine sur le maréchal Ney, et couper entièrement sa communication avec le reste de l'armée, je renforçai le général Millaradovitch du hui-tième corps, lui donnant ordre d'empêcher que le maréchal n'avançât, et de prendre position près des villages de Syroherenic et Tcherniska. Le major-général Louskourki aperçut, vers trois heures après midi, les ennemis qui s'avançaient; l'épaisseur du brouillard l'empêcha de connoître leur nombre, et ils marchèrent en avant jusqu'à ce qu'ils fussent près de nos batteries. L'ennemi tenta vainement de percer nos lignes, et reçut, à la distance de deux cent quarante pas, une décharge générale de mousqueterie et de quarante pièces de canon. L'effet de ce feu lui fut très-fatal. Voyant qu'il n'avoit aucun espoir de s'échapper, il envoya enfin un drapeau parlementaire au général Millaradovitch. A minuit, tout le corps d'armée de l'ennemi, montant à douze mille hommes, fut obligé de mettre bas les armes; toute l'artillerie, composée de vingt-sept pièces de canon, tout le bagage et la caisse militaire furent les fruits de notre victoire. Au nombre des prisonniers sont environ cent officiers de divers rangs. Le maréchal Ney fut blessé; mais il se sauva et fut poursuivi par les cosaques au-delà du Nieper. La perte de l'ennemi est énorme : selon le rapport des prisonniers, quatre généraux de division ont été blessés; nous n'avons pas perdu plus de cinq cents

hommes tués ou blessés : l'armée est à présent
à Krasnoi, et la garde avancée à Dowbrowna,
d'où nous suivrons les mouvemens de l'ennemi.
Le général Platow m'a informé, par une
lettre ci-jointe, que l'ennemi a laissé derrière lui, à dix-sept verstes de Smolensk,
une grande quantité d'artillerie montant à
cent douze pièces. »

Le comte Platow au général feld-
maréchal.

17 novembre.

« Après la signature de mon rapport à
votre altesse, le capitaine Parkin est arrivé
avec les rations, et rapporte qu'à la distance
de dix-sept verstes de Smolensk, il a compté
sur le grand chemin cent douze canons,
outre un grand nombre de voitures et de
chariots. Je ne peux envoyer à votre altesse
un rapport en forme, n'en ayant pas reçu
du gouverneur de Smolensk. Je m'unis à la
voix unanime des troupes pour crier *houra !*
vive votre altesse sérénissime ! »

Est-on maintenant assez convaincu dans
quel état de désorganisation Buonaparte
avoit placé des troupes si valeureuses ? Que
l'on rapproche le rapport sur le malheur

arrivé aux braves commandés par le maréchal Ney, de ce qu'il dit dans le vingt-neuvième bulletin de cette funeste affaire, et que l'on juge s'il étoit possible de pousser plus loin qu'il ne le fit l'impudeur et le mensonge (1).

Jusqu'au moment où elle vint à Smolensk (2), l'armée avoit encore conservé un reste de discipline. Beaucoup de soldats, il est vrai, quittaient souvent leurs drapeaux pour

(1) Il résulte du rapport fait par le général russe, que ce corps d'armée française résista tant qu'il le put, et que son intrépide chef s'exposa aux plus grands dangers pour ne pas être au nombre des prisonniers. Mais enfin sa prise fut la seule chose qui manquât à la défaite totale de nos troupes, et Buonaparte devoit-il s'exprimer ainsi, en parlant de cette funeste action?

« Après avoir tenu l'ennemi éloigné de lui pendant toute » la journée du 18, *et l'avoir constamment repoussé*, à la » nuit, il fit un mouvement par le flanc droit, et passa le » Borysthène (le Nieper), *et déjoua tous les calculs de l'en-* » *nemi.* »

Voilà ce que l'auteur de la *note* sur ce 29e Bulletin, appelle : Ecrire comme Xénophon et César !

(2) Les détails que l'on va lire sur la manière dont s'opéra la désorganisation de l'armée ont été communiqués, ainsi que quelques autres, par un officier, l'un des *survivans* à cette fatale retraite ; et, doué de la rare présence d'esprit qui permet d'observer, même dans les momens les plus critiques, il a vu et bien vu tout ce qu'il a rapporté. Son frère, capitaine au même corps, est au nombre des Français que la magnanimité de l'empereur Alexandre va rendre à leur patrie et à leur famille.

courir sur les flanc; mais il restoit pour chaque régiment un point central où se rallioient ceux qui, par le sentiment de l'honneur, ou par la crainte de tomber dans les colonnes ennemies, ne s'écartoient qu'à de foibles distances.

Mais lorsqu'à Smolensk Buonaparte eut fait brûler les magasins et rompre les ponts, les soldats, moins pressés par l'ennemi, commencèrent à jeter leurs armes, leurs gibernes, leurs cartouches; les hommes du train abandonnoient les caissons. Chacun, en un mot, se considéra dès-lors, non plus comme portion d'un grand *tout* à qui l'union seule pouvoit conserver sa force, mais comme un voyageur à peu près isolé, comme faisant partie d'une espèce de *caravane*. Le froid qui survint ne fit que donner plus d'énergie à ces sentimens d'égoïsme, résultant de l'état misérable où l'on se trouvoit. La soldat qui occupait une place à un petit feu de bivouac, n'avoit garde de la céder à son officier : il étoit déterminé à la conserver, s'il le falloit, le sabre à la main.

Buonaparte, au milieu de ce désordre général, avoit formé un carré de sa garde, ayant les armes chargées et prêtes à faire

feu sur les flancs. Les restes des chasseurs à
cheval de la même garde éclairoient la marche sur les côtés, à demi-portée de pistolet,
et tirailloient continuellement avec les cosaques.

Après de si sanglantes défaites et des capi-
tulations commandées par une impérieuse
nécessité, Buonaparte, dont l'armée n'étoit
guère alors composée que du tiers des hommes sortis de Moscow, se hâta de gagner
la Bérésina. L'armée reçut un accroissement
de forces, par la jonction des corps du maréchal Oudinot et du général polonais Dombrowski, venus au-devant d'elle, et évalués
au moins à trente mille hommes. Mais les
deux armées de l'amiral Tchitchagoff et de
Wittgenstein, renforcées de Steinheil, étant
de leur côté venu participer aux opérations de la grande armée russe, rendirent
nul l'avantage que Buonaparte s'étoit promis
de ces renforts. Ils ne purent que partager le
malheur de leurs compagnons d'armes.

Pénétré de ce que sa position avoit d'hu-
miliant, il refusa durement, lorsqu'il fut à
Orja, de recevoir les députés de la province
ci-devant polonaise de Mohilow, quoique l'avi-
dité avec laquelle il recevoit et provoquoit

même toute espèce d'hommages, ait toujours formé un des traits de son caractère. Il ne fut pas retenu alors par ce sentiment de dignité modeste, inséparable de la vraie grandeur. La honte seule l'empêcha d'admettre ces députés en sa présence. En effet, qu'auroit-il pu leur montrer, sinon les débris d'une armée naguères si florissante? Déjà même les effets précieux qu'il avoit enlevés à Moscow étoient retombés au pouvoir de leurs légitimes possesseurs, lors de la capitulation du corps d'armée du maréchal Ney.

Pour parvenir à effectuer le passage de la Bérésina, Buonaparte envoya Dombrowski à gauche, contre Tchitchagoff, posté à Borisow, et le maréchal Victor à droite, pour arrêter les progrès de Wittgenstein. Alors le passage eut lieu, à environ quatre lieues de Borisow; deux journées entières furent consacrées à traverser le pont que l'on avoit jeté sur le fleuve; mais l'armée étoit dans un état de désorganisation qui fut cause qu'un grand nombre de soldats, empressés de fuir un sol homicide, se noyèrent.

Le pont étoit si foible, qu'à peine une pièce de quatre pouvoit passer dessus sans le rompre. Buonaparte y fit d'abord marcher l'infanterie et la cavalerie du deuxième corps, qui repoussèrent l'ennemi, et il eut le soin de passer aussitôt lui-même, sentant bien que le pont ne résisteroit pas long-temps.

Le mal fut au comble quand Dombrowsky et Victor furent repoussés. Chacun vouloit arriver le premier au bord opposé, sans écouter la voix des chefs. Le canon des Russes tonna bientôt sur ce pont et sur les deux rives; une division entière du corps du maréchal Victor se rendit au nombre de sept mille cinq cents hommes, dont quelques généraux. Plusieurs milliers de morts, et l'abandon d'une grande quantité de canons et de chariots, achevèrent de rendre la victoire des Russes complète et décisive dans ce passage funeste, présenté par Buonaparte, comme tant d'autres faits, sous l'aspect le plus mensonger.

Ce fut alors que l'auteur de tant de maux résolut de se dérober à l'indignation de ses soldats, et sut, dans le désespoir général, se conserver pour être encore quelque temps l'instrument des célestes vengeances. On a remarqué que, moins pressé peut-être par ses remords que par la crainte de tomber au pouvoir des ennemis, il n'osa pas rester témoin des malheurs qu'il avoit attirés sur le corps d'armée du maréchal Davoust.

Enfin il fuit; il abandonne ce qui reste de ses troupes, au moment où elles auroient le plus besoin d'un chef (1). Elles vont encore éprouver d'autres désastres; elles ne pourront s'arrêter ni à Wilna, ni en Pologne; elles erreront dans toute l'Allemagne : mais il ne sera point témoin de leurs nouvelles souffrances. Il n'y portera point de remède; sa *campagne* est terminée. Il est revenu demander en France de nouvelles victimes; il n'en repartira que quand il les aura obtenues, que quand elles seront rassemblées aux lieux de sacrifice : alors le sang coulera encore par

(1) Ce fut sa troisième *désertion*. A la première, et lorsqu'il n'étoit encore que général en chef, il abandonna, sans l'autorisation de son Gouvernement, l'armée qu'il avoit conduite en Égypte à une destruction certaine. Il devoit périr d'une mort ignominieuse; il régna. Quand il eut provoqué la guerre d'Espagne il attendit pour paroître dans cette contrée si bravé et si malheureuse, l'instant qu'il crut le plus favorable; mais il ne tarda pas à s'apercevoir qu'il n'y trouveroit que son châtiment. Il déserta donc de nouveau, abandonnant ses troupes à des dangers continus, et dont il étoit impossible de prévoir le terme. Enfin, après sa fuite de Russie il sacrifia quarante mille hommes au pont de Leipsick, afin de pouvoir bientôt reparoître aux Tuileries, et chasser le Corps-Législatif. Ainsi chacune de ces actions honteuses se lie à quelques grands désastres et à quelques nouveaux forfaits.

torrens, non plus aux extrémités du Nord,
mais en Saxe, sur le Rhin, en France même,
et enfin *sous les murs de Paris,* où, pour
unique fruit de toutes ses victoires, et par
suite des *vastes conceptions de son génie,*
se seront réunies les armées de *toute la con-*
fédération européenne.

Quelque déchirans pour de vrais Français
qu'aient été tous les détails qui viennent de
passer sous nos yeux, il manque cependant
encore à ces lugubres tableaux les teintes les
plus sombres. Uniquement occupé de combattre, les auteurs des *rapports* n'ont parlé
que comme en passant de tous ces désastres,
qui livroient, presque sans défense, les soldats français au fer et au feu de l'ennemi.
Combien leur héroïque résistance, dans les
momens les plus critiques, acquiert encore
plus de droits à l'admiration, lorsque l'on
songe à la situation dans laquelle ils déployoient tant de courage! Ils combattoient
encore ; ils se rallioient autour de leurs en-
seignes, ces hommes aussi malheureux qu'intrépides, dans le temps même où ils éprouvoient toutes les atteintes du froid et de la
disette, où leurs compagnons d'armes, leurs
amis venoient d'expirer à leurs yeux, consu-

6

més par la faim ou glacés par la rigueur d'un hiver insupportable. Ils combattoient, et autour d'eux, sur la route qu'ils venaient de parcourir, ils avoient vu étendus des milliers de cadavres de leurs frères. L'imagination a peine à concevoir la possibilité de résister à tant de souffrances réunies. Qu'on se représente des soldats sans nourriture assurée, forcés de porter leurs armes quand ils peuvent à peine se soutenir eux-mêmes, s'avançant au milieu des déserts, ne foulant qu'une terre glacée, harcelés sans cesse par des ennemis irrités et infatigables, tourmentés par le froid, prévoyant qu'à des journées affreuses succéderont des nuits plus affreuses encore; sans abri, sans ressources, ayant la douloureuse certitude que les rigueurs de l'hiver ne feront qu'augmenter d'heure en heure. Aussi tous ne périssoient-ils pas victimes de ces maux accumulés. Beaucoup d'entre eux, que le sort avoit épargnés dans tant d'actions meurtrières, abrégèrent leurs maux en se donnant la mort de leurs propres mains, ou en implorant de la pitié de quelques amis ce funeste et dernier service. Ils avoient été traînés là de tous les points de la France, de l'Italie, de l'Allemagne. Buonaparte avoit

voulu que la fleur de la jeunesse européenne
succombât au milieu de ces déserts, sans
consolation, sans secours, en songeant avec
douleur que de tristes parens ne seroient pas
même informés du sort de leurs enfans chéris.
O combien d'entre eux, au moment où ils
périssoient dans les angoisses du désespoir,
après avoir cherché à soutenir leur misérable
existence, en se nourrissant de la chair de
leurs chevaux (1), implorèrent la céleste ven-

(1) Ce n'est qu'en frémissant que j'ajoute ici ce que plusieurs feuilles étrangères attestent comme des faits positifs.
Elles prétendent que, quand le froid redoubla, les soldats, sans
bottes et sans souliers, et les pieds seulement enveloppés de
chiffons ou de morceaux de drap et de havresacs, eurent encore à combattre la faim dans toute son horreur. Plusieurs de
ces spectres, à demi-morts de froid, et couverts de haillons,
se virent contraints *de dévorer leurs propres membres ou
même les cadavres de leurs compagnons !* On a déjà vu que
j'avois saisi, cherché même les occasions de parler à quelques-
uns de ceux qui ont survécu à ce grand désastre. Un jour, j'en
interrogeai un sur ces assertions horribles. « Attestez-moi,
lui dis-je, qu'il y a là de l'exagération, et je vous crois. » Sa
physionomie prit un aspect convulsif, des larmes de sang bor-
dèrent ses paupières : « Croyez, me répondit-il, en me pres-
sant la main avec violence, tout ce que l'extrême désespoir
peut suggérer de plus effroyable. » D'après cette réponse trop
significative, j'ai écrit ce que l'on vient de lire.

Un autre militaire (le même officier dont j'ai parlé plus
haut) a donné sur la manière à la fois singulière et effrayante
dont on mouroit de froid les faits qui suivent : Dès
le premier saisissement, le malheureux étoit obligé de

geance et maudirent l'auteur de leurs maux !
Qu'auroient-ils dit, grand Dieu ! s'ils eussent
pu savoir que leur mort déplorable ne seroit,
en quelque sorte, présentée que comme un
accident, un cas fortuit, un de ces événemens
qu'il est impossible de prévoir, et qu'en conséquence le chef d'une nation ou d'une armée
n'a pas à se reprocher? La France et l'Europe entière savent que ce désastre, sans
exemple, fut hautement attribué par Buona-

s'arrêter ; son visage décomposé étoit celui d'un homme qui
ne sait s'il doit rire ou pleurer. Sentant qu'il alloit tomber,
il portoit ses deux mains devant lui, ses genoux fléchis-
soient, et tout-à-coup, tombant la face contre terre, il avoit
cessé de souffrir et de vivre. Il est dans les catastrophes extraordinaires des choses qui affectent plus particulièrement selon la
disposition des esprits. On va lire ce que, depuis les deux premières éditions de cette brochure, m'a dit un autre militaire.

« Je redoutois surtout l'arrivée des nuits, non-seulement
parce qu'elles augmentoient nos souffrances, mais à cause
d'une particularité que voici : On faisoit halte ; on se réunis-
soit ; on se pressoit les uns contre les autres, et aussitôt, au
milieu du silence produit par l'abattement et le désespoir,
commençoient de petits bruits qui se répétoient à chaque instant, souvent dans plusieurs endroits à la fois. Qui les causoit ?
La chute sur la terre glacée des hommes et des chevaux suc-
combant à l'excès du froid et de la misère. Non, poursuivoit-
il, jamais je n'oublierai ces bruits continus. Ils me poursui-
vent partout, avec les circonstances terribles dont ils étoient
accompagnés. Souvent, pendant la nuit, il m'arrive de m'é-
veiller en sursaut, parce que mon imagination frappée croit
les entendre encore ! »

parte à *la rigueur* PRÉMATURÉE *de la saison.*
En effet rien n'étoit plus extraordinaire, plus
opposé aux lois de la nature que de voir l'*hiver*
exerçant sa funeste influence en Russie,
aux mois de novembre et de décembre.
Voilà pourtant ce que Buonaparte dit; et
telle étoit l'abjection où nous étions tombés,
que les pères et les mères même qui pleu-
roient des pertes irréparables, durent paroître le croire, ou du moins gémir en silence. Il le dit, et bientôt il n'y eut pas un
seul discours public, une seule *adresse* où,
quand on osoit hasarder quelques mots sur
ce grand désastre, on ne se hâtât aussitôt de
l'attribuer *à la rigueur prématurée de la*
saison.

Il se présente ici une réflexion toute na-
turelle. Est-il possible, se demande-t-on, que
les Russes n'aient pas aussi éprouvé de
grandes souffrances, lorsque celles des Français et de leurs alliés furent telles, que l'on
conçoit à peine qu'un seul d'entre eux ait pu
survivre à cette fatale expédition? La réponse
est facile: d'abord, il est certain que l'armée
de Koutousow éprouva aussi des pertes occa-
sionées par la rigueur de la saison; mais elles
durent être et elles furent sans aucune pro-

portion avec les nôtres. Ces guerriers du
Nord, et leurs chevaux mêmes, étoient
accoutumés au climat; d'ailleurs, la disette
ne les atteignit jamais. Les lieux où ils s'ar-
rêtoient leur offroient des secours de toute
espèce, réservés pour eux dès long-temps;
ils puisoient dans leurs haltes de nouvelles
forces. Ils étoient accueillis comme des libérateurs, des amis, des frères, dans les villages
où ils passoient, tandis que l'armée du conquérant fugitif ne trouvoit partout que la
dévastation et de profondes solitudes (1).

« Quel grand, quel déplorable spectacle
» que celui de l'agonie de trois cent mille guer-
» riers! L'espace effrayant qu'ils avoient à
» franchir, et qui ne présentoit à leurs regards
» que les débris des hameaux et des villes;
» leur marche silencieuse au milieu des fri-
» mas, non pendant quelques jours, non pen-
» dant quelques semaines, mais pendant plus
» d'un mois dont chaque minute étoit comp-

(1) Le morceau accompagné de guillemets, que l'on va lire,
ne m'appartient point : il est de M. L. Aimé Martin, très-
avantageusement connu dans la littérature par ses *Lettres à
Sophie, etc.*, ainsi que par le *Cours de Littérature* qu'il fit
l'hiver dernier à l'*Athénée* de Paris, avec un succès que les
circonstances rendirent encore plus remarquable. Il a permis
que ces nouveaux détails, aussi douloureux qu'authentiques,
fussent insérés ici, et j'ai profité de sa bonne volonté.

» tée, dont chaque seconde marquoit une
» perte, une souffrance; une armée de vic-
» times livrée aux horreurs de la faim, sans
» force pour combattre un ennemi furieux,
» jetant ses armes, abandonnant ses canons,
» se disputant les plus vils alimens, n'ayant
» qu'une pensée, celle de son retour, et
» qu'un aspect, celui de la mort; voilà des
» traits qui manquoient à Tacite, lorsque,
» nous ouvrant les forêts de Teutberg, il traça
» d'une manière si sublime la défaite des lé-
» gions de Varus; mais toute la force de son
» génie, toute la puissance de sa parole, au-
» roient-elles pu suffire même pour esquisser
» de si effroyables tableaux? Est-il des ex-
» pressions assez touchantes, assez énergiques
» pour faire sentir les angoisses de ces pâles
» guerriers qui, sortant tout-à-coup de leurs
» rangs avec un rire convulsif, s'agitoient un
» instant, poussoient des cris étouffés, et
» tomboient au milieu de leurs compagnons,
» qui passoient avec indifférence? L'égoïsme
» étoit devenu le plus grand de leurs maux ;
» point de secours à espérer de cette foule
» d'hommes qui ne marchoit que pour prolon-
» ger ses douleurs, qui ne s'arrêtoit que pour
» mourir : toutes les ames étoient abattues,

» tous les sentimens éteints, ou, pour mieux
» dire, le malheur étoit resté sans témoins ; il
» n'y avoit plus que des victimes.

» Mais à l'heure où des bataillons entiers
» restoient immobiles et glacés au milieu des
» déserts, d'autres infortunés s'égaroient, iso-
» lés dans ces vastes solitudes. Heureux lorsque
» le hasard leur faisoit rencontrer ces longues
» lignes de morts qui attestoient le passage de
» l'armée ! ils se guidoient par leurs traces
» sanglantes, et ne périssoient que lorsque
» cet horrible secours venoit à leur manquer.
» Hélas ! combien d'adieux ne furent pas en-
» tendus ! combien de larmes ne furent pas
» essuyées ! Le tyran n'en versa point alors ;
» lui seul avoit commis le crime, et lui seul
» ne connut pas la douleur.

» On a vu un de ces infortunés, délaissé de
» ses compagnons ; il fut long-temps errant
» dans les détours d'une forêt immense ; au-
» cune habitation ne s'offroit à ses regards ;
» s'il rencontroit un village, il étoit ruiné et
» désert ; s'il rencontroit des hommes, ils
» étoient morts ou expirans ; enfin, il aper-
» çoit la fumée d'une chaumière : son cœur
» bat avec violence, mais ses pieds à moitié
» nus refusent de le soutenir ; il n'a plus que

» quelques pas à faire pour trouver du se-
» cours, et sa force l'abandonne; il voit le lieu
» de son salut, et il ne peut y atteindre : alors
» il pose un genou sur la terre, arrache les
» linges qui enveloppent ses pieds, et veut se
» réchauffer avec de la neige; hélas! il ne
» s'aperçoit pas que le genou sur lequel il s'ap-
» puie est déjà glacé : c'est vainement qu'il
» tente de se relever; pendant qu'il fait un
» dernier effort, sa main gelée s'attache à
» la terre; son visage découvert se glace; à
» peine il distingue quelques soldats qui pas-
» sent à ses côtés, et dont il ne peut se faire
» entendre.

» Au moment où la vie est sur le point de
» s'évanouir, où un sommeil irrésistible ac-
» cable, ce sommeil est tout-à-coup troublé
» par un travail douloureux, par des inquié-
» tudes pénibles qui raniment peu à peu les
» sens. Chaque organe semble faire des ef-
» forts prodigieux pour repousser l'agent des-
» tructeur qui le tue, et, dans cette lutte
» opiniâtre, la vie s'use le plus souvent, si
» elle n'est aidée par un secours étranger.
» Parvenu à cet état, notre infortuné se ra-
» nime légèrement, son sang circule; il ouvre
» les yeux, et aperçoit une femme qui ac-

» court à sa voix : elle le soutient, elle le
» traîne, elle l'encourage ; ils arrivent aux
» portes de la chaumière, et le spectacle le
» plus déplorable s'offre encore à leurs re-
» gards : seize soldats, semblables à des
» ombres, étoient immobiles autour de plu-
» sieurs arbres enflammés ; aucun ne se dé-
» range, aucun ne tourne la tête au bruit :
» ils ne se regardent pas même entre eux.
» En vain cette femme secourable leur crie
» qu'ils vont périr s'ils ne s'éloignent du feu ;
» ils ne voient et n'entendent rien ; leurs
» yeux sont fixes, leurs mains sont agitées de
» mouvemens convulsifs : quinze minutes s'é-
» toient à peine écoulées, et il n'en restoit pas
» un seul vivant. A mesure que de nouveaux
» soldats arrivoient dans cette chaumière, on
» les voyoit se précipiter vers le feu, s'asseoir
» silencieusement sur les cadavres de leurs ca-
» marades, et, saisis par le changement subit
» de température, tomber morts à leurs côtés.

» La faim augmentoit encore le nombre
» des victimes. J'ai entendu raconter à une
» femme aussi connue par ses malheurs que
» par ses talens agréables pour la poésie,
» madame Aurore Bursey, qu'arrachée de
» Moscow par Buonaparte, et se trouvant

» à deux journées de Krasnoe, elle obtint,
» par une faveur signalée, un paquet de fa-
» rine de riz; mais le papier s'étant crevé, il
» s'en répandit quelques onces sur le cuir de
» sa voiture : tout-à-coup un homme se pré-
» cipite pour recueillir cette pincée de farine;
» il la porte à sa bouche, et il expire au même
» instant auprès des roues de la voiture. »

Terminons ces récits douloureux par une
dernière proclamation de l'empereur Alexandre. Cette pièce est essentielle; et, d'ailleurs,
le nom de ce prince, ami et vengeur de l'humanité, nous fournira les moyens de nous
reposer quelques instans sur des idées douces
et consolantes, dont il n'est pas possible que
les lecteurs n'éprouvent aussi le besoin.

Après la délivrance de son pays, ce monarque, prédestiné par la Providence à rendre la
paix au Monde, songea d'abord à poursuivre
sa belle carrière et à briser les fers de l'Allemagne, voisine de ses Etats; en conséquence,
tandis que ses généraux portoient partout,
de sa part, des paroles de bienveillance et
d'amitié, tandis que le maréchal Koutousow
déclaroit spécialement aux Prussiens, « que
son souverain n'étoit guidé par aucune vue
de conquête, » l'empereur Alexandre lui-
même parloit ainsi à l'Europe entière.

« Quand l'empereur de toutes les Russies fut forcé, par une guerre d'agression, de prendre les armes pour la défense de ses Etats, sa majesté impériale, d'après la justesse de ses combinaisons, apprécia les importans résultats que la guerre pourroit produire à l'égard de l'indépendance de l'Europe. La constance la plus héroïque, les plus grands sacrifices nous ont conduits à une suite de triomphes, et quand le commandant en chef, prince Koutousow-Smolensko, mena ses troupes victorieuses au-delà du Niemen, les mêmes principes continuèrent à animer le souverain. A aucune époque la Russie n'a été accoutumée à pratiquer l'art (trop connu dans les guerres modernes) d'exagérer, par de fausses assertions, le succès de ses armes. Mais avec quelque modestie que son triomphe soit aujourd'hui retracé, les détails en paroîtront incroyables. Des témoins oculaires sont nécessaires pour prouver les faits à la France, à l'Allemagne et à l'Italie, avant que les progrès lents de la vérité remplissent ces pays de deuil et de consternation. Il est difficile de concevoir que dans une campagne qui n'a durée que quatre mois, cent trente mille prisonniers aient été faits à l'ennemi, outre la prise de

neuf cents pièces de canon , de quarante-neuf
drapeaux , de tout le bagage et du train d'artillerie de l'armée. On a joint ici une liste
et les noms de tous les généraux pris (1). Il
sera facile, d'après cette liste, d'estimer le
nombre des officiers supérieurs et subalternes
qui ont éprouvé le même sort. Il suffit de
dire que de trois cent mille hommes (non
compris les Autrichiens) qui ont pénétré dans
le cœur de la Russie, il n'y en aura pas
trente mille , même lorsqu'ils seroient favo-
risés par la fortune , qui pourront revoir leur
pays (2). *La manière dont l'empereur Napoléon a repassé les frontières de la Rus-*

(1) Cette liste comprend deux chefs d'état-major, un général d'artillerie, quinze généraux de division, vingt-trois généraux de brigade, et trois autres désignés simplement comme
généraux. En tout, quarante-quatre.

(2) Une note officielle, publiée à Pétersbourg, porte ce qui
suit : Officiers d'état-major et autres prisonniers, 6000; soldats, 130,000; canons pris, 900; fusils, 100,000; chariots,
caissons; etc. 25,000

A quoi l'on ajoute que, dans les environs de Wilna, on a
brûlé 55,000 cadavres; et de plus, dans les districts de Mohilow , Witepsk , Smolensk et Moskow, 253,000. Mais il faut
espérer qu'il y a erreur dans ce dernier calcul, et que l'on
doit lire 153,000; car alors, en déduisant le petit nombre de
ceux qui ont pu revenir de l'expédition de Russie , il se trouveroit qu'elle auroit coûté à la France et à ses alliés 444,000
hommes. Au reste , ce relevé n'a pas été fait d'après la Ga-
zette de Pétersbourg elle-même, mais d'après un papier public
anglais, qui la citoit, en annonçant qu'il la copioit textuellement.

*sie, ne peut assurément être plus long-
temps un secret pour l'Europe.* Tant de
gloire et tant d'avantages ne peuvent cependant changer les dispositions personnelles
de sa majesté l'empereur de toutes les Russies. Les grands principes de l'indépendance
de l'Europe ont toujours formé la base de sa
politique, car cette politique est fixée dans
son cœur. Il est au-dessous de son caractère
de permettre que l'on fasse aucune tentative
pour déterminer les peuples à résister à l'oppression, et à secouer le joug qui pèse sur
eux depuis vingt ans. Ce sont leurs gouver-
nemens qui doivent ouvrir les yeux sur la
situation actuelle de la France. Des siècles
peuvent s'écouler avant qu'une occasion aussi
favorable se présente de nouveau, et ce seroit
abuser de la bonté de la Providence que de
ne pas prendre avantage de cette crise pour
reconstruire le grand édifice de l'équilibre de
l'Europe, et assurer aussi la tranquillité pu-
blique et le bonheur individuel. »

Il l'a atteint le but qu'il se proposoit dès-
lors, ce prince magnanime; ou plutôt il a
mis la dernière main à son noble ouvrage.
Aidé de ses dignes alliés, il ne s'est point
borné à les affranchir de fers que nous por-
tions comme eux; il nous a fait participer aux

mêmes bienfaits ; il nous a rendu *le bien pour le mal*, comme il le disoit dans une autre proclamation ; car il savoit, avec toute l'Europe, que nous souffrions les premiers des maux dont elle étoit accablée. Français, que le droit de la guerre a livrés pour quelque temps à ce monarque, c'est à vous surtout de vous réjouir. Vous allez revoir votre patrie, mais non pour être de nouveau précipités, le fer à la main, sur les autres nations. Vous la reverrez heureuse et libre. D'innombrables guerriers se sont rassemblés des bords du Borysthène, de la Néva, de la Sprée, du Danube, du Tage et de la Tamise ; et, grâce à cette réunion sans exemple dans les annales des nations, il nous a enfin été permis, à nous Français, d'arborer la couleur sans tache, de redemander, de revoir parmi nous les descendans de saint Louis et de Henri IV, les frères, la fille, les neveux, les parens de Louis XVI ! Français, encore captifs en Russie, Louis XVIII, votre roi et le nôtre, avoit déjà intercédé pour vous près du plus généreux des vainqueurs. Ainsi que nous, vous n'aviez d'espérance que dans la chute de l'auteur de vos maux. S'il eût continué à être puissant, pour le malheur du

monde, engagé dans des guerres intermi-
nables, eût-il jamais songé à vous? Comme
tant de milliers de vos frères, vous fussiez
morts dans les tourmens d'une longue agonie,
loin du sol natal, et tournant en vain vos
regards vers les lieux chers à votre enfance.

Nous gémissons de ce que tant de milliers
de vos braves compagnons d'armes ne puis-
sent plus être comme vous rendus au sol
natal; mais en pleurant leur trépas, vous
adorerez avec nous les voies impénétrables de
la Providence. Elle a voulu qu'un désastre
épouvantable, suite d'une expédition insen-
sée, fût un moyen aussi sûr que terrible de
nous rendre nos princes légitimes, de nous
affranchir à jamais du plus affreux despotisme qui ait opprimé les nations, de fixer
sur des bases inébranlables la paix et le bonheur de la France, de l'Europe et de l'Univers.

FIN.

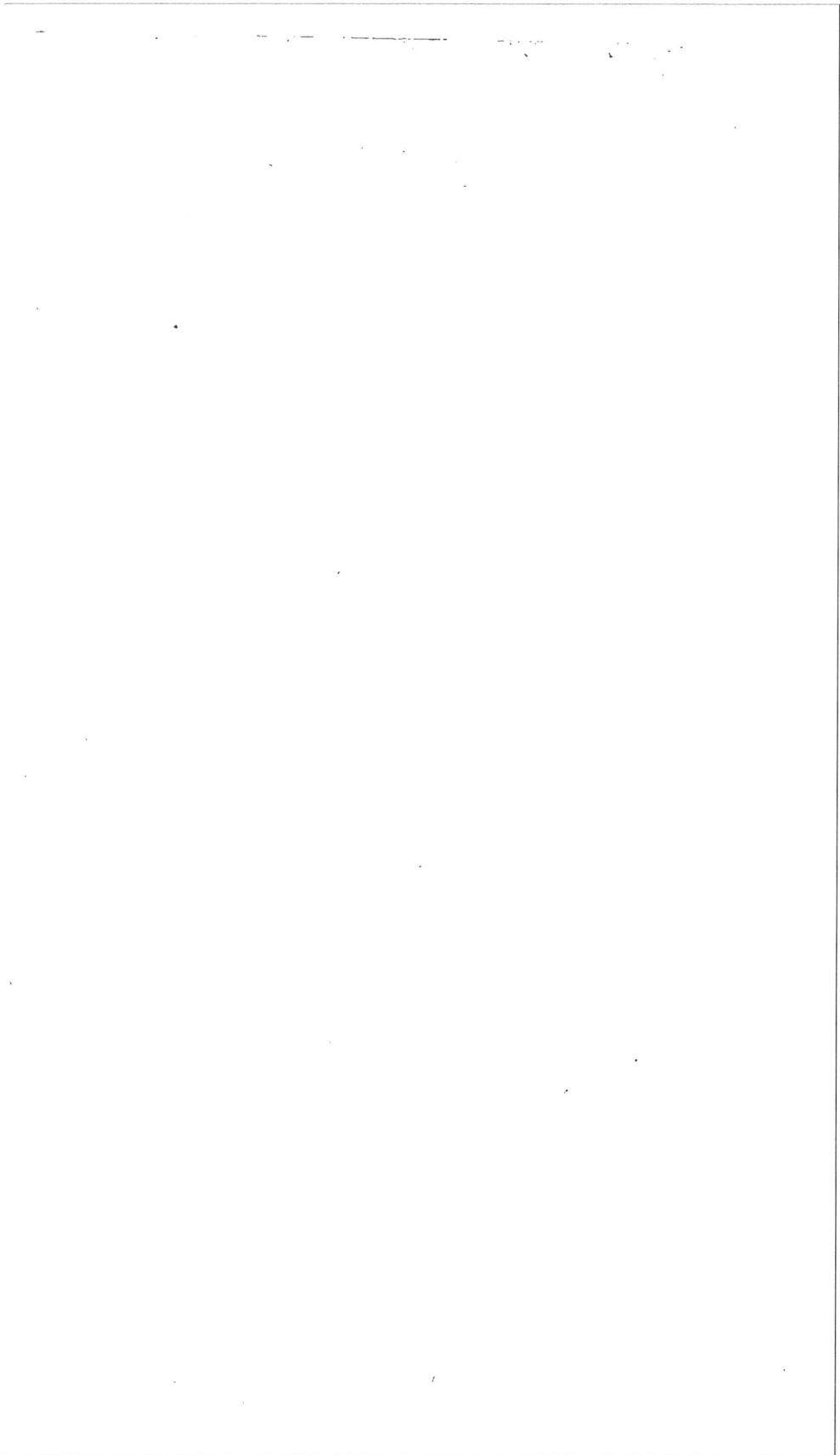

www.ingramcontent.com/pod-product-compliance
Lightning Source LLC
Chambersburg PA
CBHW070852280326
41934CB00008B/1414